中國紀行

隨著火車去旅行——

文 文·攝影

目錄

第三章 華東、華北地區：縱貫江淮平原與橫越山東半島

馬祖、南京、濟南、青島火車之旅 044

第四章 華北地區：八百年的政治中心

北京之旅 070

第五章 東北地區：往遼寧、吉林、黑龍江

六月仲夏之旅 096

第六章 塞北地區：往成吉思汗的家鄉去

第七章 塞北地區：西夏王朝故都

第八章 西北地區：中國西北的重心

第九章 西北地區：中東風情畫

第十章 西南、華中地區：中、西部的風土人情

昆明、成都、長沙 176

第十一章 西南、華南地區：西南邊境風光

澳門、珠海、南寧 190

後記 人生，要不虛此行

旅行・引子・心情故事

照顧了十七年的母親，前一陣子去世了，每逢夜闌人靜的時刻，一股思念襲來，總讓心中悵然，若有所失。

媽媽走了以後，檢視她的遺物，拿起她的睡衣，撫著她的輪椅，好像她還坐在上頭，穿著睡衣對我微笑，就不由自主出了神，一下子悲從中來，都「知天命」之年的老男人了，眼眶還溼潤起來。

這是「去旅行」的開始，主要是為了想好好靜下來思考一些事，同時轉移注意力，跳出喪母之痛，安置心裡那股難過。與其自怨自艾，不如挺身而出，增加生活的動力（motivation）。

一開始選擇去人煙罕至的深山老林裡尋幽訪勝，結果感覺不好！讓人的情緒低落、人生乏味。改弦易轍換個方式吧！上帝常常是恰如其時的賜給人智慧；發現自己對「社會人文環境、人生百態」的觀察研究感興趣（所以我的旅行多在人多的地方做紀錄），就積極走進人群，走入夜市，感受人聲喧囂與熱力；也是走出小圈圈，體會大千世界生命的動力，激發自己對芸芸眾生的好奇心。

打從小時候就喜歡旅行，旅行是人生中的美好，隨性的揹起行囊去旅行，就是一種生活方式。當你走過更多地方，與更多人交流，見過更多美麗的風景，在旅行中你就受到震撼，得到滋養，並且學習成長。

旅行中常有意外，意外總是好壞參半，坦然面對風險，或是巧遇貴人？總是要對世界抱持著積極探索的勇氣。旅行中也適合沉思，對不同時間、空間的人們，生活的方式與處世的態度，激發我的思想。人的生命短短數十年，須臾彈指間流逝，應該怎麼過？

不管喜愛旅行與否，人生就是一種旅行，生命由呱呱墮地到垂暮之年，經歷多少時間、空間的變換，個人的人生風景中，有多少同行的夥伴，不經意的來，又悄悄的去，離別又重逢？有的緣定三生廝守到老，有的在夢裡尋他千百度。對人生旅程，灑脫一點，開懷一些，童心不泯；無論是良辰美景亦或顛沛流離，都心存感恩，因為形形色色的體驗，實實在在的豐富了生命。

基於種種原因，目的地主要在中國，想走過母親當年讀西南聯大時，她說過、走過的中國，那些烙印在腦海中，兒時記憶裡的地方與人群，譬如：南京、青島、北京、西安、成都、昆明……。

單人自助旅行中總有意想不到的遭遇，絕對需要即早準備與處理危機，人都有天生的警惕心，善用它做行程規劃，安排衣、食、住、行，人一忙起來、動起來就會忘掉傷懷惆悵，專注眼前的旅程。就這樣由中國的華南開始旅行，而華中、而華北、而東北、而西北、而西南……這些小時候地理課本上的名詞，都活生生躍然眼前。

民歌〈張三的歌〉中有一段歌詞：

忘掉痛苦忘掉那地方，走遍世界各地去觀賞，沒有煩惱沒有那悲傷，自由自在身心多開朗（張子石先生所作，歌詞略調整）——恰恰描述自由行旅人的心境。

第一章

隨著火車去旅行

中國，天涯海角走一回

一冊遊記可以具體表現的地方很多，不僅是風光景致、民情風俗的描述，更是人文、歷史的發展景觀，以及政治、經濟、社會的現況調查，本書對後者著墨與用力相對較多，也是趣味橫生之處。

去中國旅行主要有幾個原因：

第一是，在可預見的未來，「中國——臺灣」的關係將日漸密切，彼此的發展將息息相關。「社會文化」與「政治經濟」是相互影響的，體會中國各地的人文與特色，透過見識廣袤土地上十三億人的「眾生相」，成為一個「中國通」，就各方面來說還是相對有利的。

第二是，大家知道嗎？中國現有全世界最大的高速鐵路網，運行的高鐵／動車與快車／臥鋪超過十萬公里，其中高鐵約一點三萬公里（二〇一三年底數據），並且正在快速發展中，而二〇一五年將達兩萬公里。經過二十年的快速發展，中國鐵路已非吳下阿蒙，目前中國的城市發展與鐵路建設，接近已開發國家水準（農村相對落後），而且票價相當有競爭力，足以提供比較安全舒適的旅行。

第三是，中國——臺灣有語言文化相通的優勢，容易溝通；到歐洲幾十個國家，你跟誰溝通去（當然，會八國語言的人例外）？又有幾個人願意跟你花時間溝通（當然，大美女、大帥哥例外）？不是俊男美女又不會多國語言的臺胞，在中國會有很多人願意跟你談天說地，不歧視你而且對你友善又感興趣。

第四是，中國的地理風貌，有高山、沙漠、草原、湖泊、大河等各種風景，應有盡有，資源豐富，看都看不完。

第五是，中國種族、人口都多。高鼻子大眼的（西北多），平頭鳳眼的（東北多），尖鼻子瘦臉的（西南多），長相各異；各種少數民族文化多樣，風情萬種，很有看頭。

2014 年 4 月，中國鐵路網

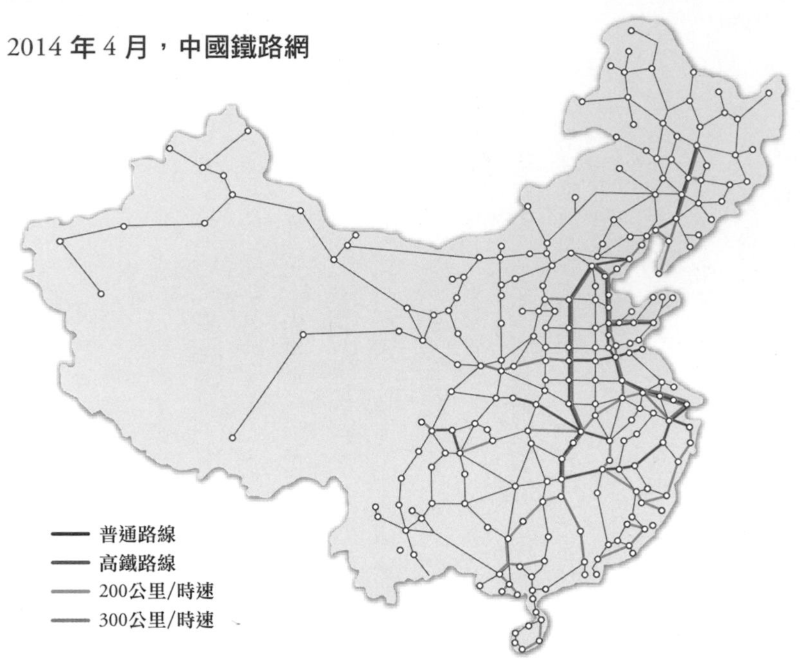

預計 2020 年，中國大陸高速鐵路網

為何選擇乘火車旅行？

看官們都從媒體上見識過中國鐵路「春運」時的紊亂與擁擠，車站經常是擠得水洩不通，人流也是龍蛇雜處，兄弟我怎麼還想要坐火車周遊中國呢？

主要是因為，火車是種「平民化」的交通工具，乘坐「平民化的火車」去旅行，一來可以貼近觀察中國風土民情，欣賞鐵路沿線的山光水色，而且花費相對合理。二來，中國的鐵路除了春節期間及少數熱門路線特別擁擠，其他時間並不難買到車票，如果提早從網路上購票，一般都能買到。三來，中國鐵路網綿密，三級城市以下的窮鄉僻壤，鐵路都到得了，因此有地利之便。四來，火車非常安全，不像汽車，它極少出車禍；從舒適性來說，火車上有可以躺著的臥鋪，附帶盥洗設施與餐廳，這點汽車、飛機都比不上。所以，就讓我們乘坐「火車．臥鋪」去旅行吧！

乘火車是一種可慢可快的旅行，朋友們若講求快，請坐時速兩百公里以上的動車（高鐵）；若講求悠哉又省錢，就搭快車（車次K字頭是中國最普遍的快車，時速可達一百二十公里；Z與T字頭快車更快，可達一百六十公里。阿拉伯數字四位數的普通快車，時速可達一百公里）。

火車行進時，車輪有韻律的節奏，車廂輕輕搖晃，睡覺時好似回到母親的懷抱裡。在搖搖晃晃中，不知不覺行駛了上萬公里，車窗外景色總是浮光掠影，悄然飛逝，不停在變換。隨著海拔、氣候、地形、晴雨而改變。時而窗外風景如詩如畫，讓人驚豔雀躍；又時而車外漫天風雪、雷電交加，慶幸身在車廂。

車廂內的人們，大夥用普通話漢語聊天，乘客可以當聽眾，也可以發表高論，跟陌生人聊上兩句。身價有兩文的，有幽默感的，能掰事打屁的……順道交個朋友當然也不在話下。

同車共度的過客，在不同的省分地區，有不同的身材長相，操著不同的腔調。「東北漢子」的體型多半比「西南壯丁」大上一截；北方操「北京」腔調的與「江南」一帶的吳儂軟語，以及「廣東、廣西」人，口音截然不同；「兩湖」人士吃辣椒，個性比較奔放；「西北」百姓很多回民，照「阿拉」的規矩過日子，從外型、打扮上都一目瞭然。聽人們聊天打發時間，能知其人出身背景，與當前的流行民意，套句古人的話：「聽其言，觀其人，聞其聲，人焉廋哉？」在火車臥鋪過上幾天，聽多、見多，久了也就能有所體會。

購票、乘車

中國火車，主要分「高鐵／動車」與「快車」兩種，先說票價，高鐵／動車的二等座位票價，約是快車座位票價的兩倍，約是快車硬臥臥鋪的一點一至一點三倍。車速來說，高鐵／動車的車行速度是快車的兩至三倍。但是高鐵／動車座位只能坐不能躺，通常搭超過四小時人就累了。高鐵／動車很少有臥鋪，臥鋪的票價約是快車臥鋪票的四倍，乘客一般是富裕階級。

預訂火車票，可以上中國鐵路局網站（www.12306.cn），二十天內的班車車票都能網路預訂，訂車票需要有個人證件號碼，用網路銀行卡付款，這需要先在中國的銀行開一個帳戶，辦一張信用卡，或是「銀聯卡」開通網路付款功能（類似臺灣的金融VISA卡，可以刷卡，也可提款）。中國的網購越來越普及與安全，上網買票有安全機制保障，資料不會外洩。買好票後，需要在開車前一小時去車站窗口憑「證件及領票號」取票。

網路預訂車票，以快車臥鋪來說，臥鋪有軟、硬之分。硬臥分為上、中、下三鋪，由電腦隨機選位，因此不一定能買到想要的鋪位，一般來說，上鋪的空間小，要爬上爬下比較不方便。軟臥只有上、下兩鋪，舒服點但是價格貴，跟搭飛機打折的價格有得比，而中國國內線機票，提早買都有很大的折扣。

乘車時間若超過四小時，最好買臥鋪，不要買座位，搭臥鋪比較不累，因為可以躺著。建議選擇快車硬臥，因為硬臥不但便宜，也最貼近當地民眾，要了解中國普羅大眾的人文、舉止、想法，就搭硬臥吧！若搭軟臥又是夜車的話，則可以跟當地的中產階層，不分男女老少，在火車輕搖中「共眠」一宿。

注意事項

- 乘坐高鐵／動車時，發車車站往往在郊區。如果住得比較遠，或是碰到市區內塞車、叫不到計程車，就可能趕不上車，建議一定要提早出發，住的酒店（飯店）不要離車站太遠，還要考慮叫計程車是否方便。
- 不要以為中國火車都能準點發車。誤點經常會發生，不過近幾年鐵路管理越發上軌道，誤點比較少了，其中高鐵／動車的誤點比快車來得少些。

車上提供的服務

每節車廂有乘務員，負責打掃衛生，維護車廂規矩，並有提早告知乘客到站下車的服務，以免乘客坐過頭。

車廂裡有廁所及盥洗室，廁所的使用是有限制的，火車靠站停車時不能用，因為馬桶的孔洞直通地面。如廁時，要小心個人物品，如戒指，手錶等貴重物品，若掉落到孔洞裡，可找不回來；因為不管是上大號或小號，車廂裡沒有化糞池，都是在火車行進時直接排放在鐵道上。排放物自然風乾分解，也算環保。所以，火車靠站時，如果旅客上廁所的話，這些人體排泄物，就會堆積在月臺前的鐵軌上，等火車一走，妨礙觀瞻不說，味道肯定不好聞，因此要上廁所一定把握火車未靠站時。

列車中有一節是餐廳車廂，旅客們「吃喝拉撒」在車上都可得到滿足。車上供應飲用熱開水，不僅賣正餐及盒飯（價錢約市面上的兩倍），還賣小吃及酒類、水果、玩具、雜誌等。

此外，可以攜帶自行車搭火車，一般停放在兩列車廂中間的吸菸處，車主自行用伸縮帶綁在門把上，一定要綁牢靠點，因為若沒綁好後果要自己負責。在這提供一項經驗，在中國城市遊歷，自行車是非常好用的交通工具，若在一個城市待三天以上，建議到修理自行車的小店買輛舊自行車，價格約幾十塊到一百塊之間，並且與店主言明——走的時候半價賣還給他，這樣就可以免去搭公車或計程車的不方便。

在中國搭火車時，人潮多；注意，自行車也可以上火車了

注意事項

在中國，不管是搭火車也好，旅行、住宿也好，有時會碰到一些無理取鬧，想占便宜的人。此時千萬不要生氣，生氣傷身體，記住「見怪不怪、其怪自敗」。損失點金錢事小，若動怒動手損失健康、自由、親人就得不償失。

遇到不公之事據理力爭，打擊教訓惡人惡行，這是改善風氣的善行，也是前人種樹後人乘涼的義舉。但要牢記「安全第一」，不動手動腳，不動氣傷身，免得惡人狗急跳牆，窮極反噬，那就划不來了。

火車站

中國的火車站附近通常是龍蛇雜處、人馬雜沓的地方。充斥著趕火車的匆匆過客與當地的地痞流氓，環境比較亂。有人拉客一百人民幣玩個小姑娘；有人推銷酒店、旅遊；有人販賣來路不明的商品；有人行乞要錢、哭窮借錢；有人拉客坐黑車……形形色色、林林總總，最好一概不理，有問題就找站前值班公安。

進去車站內得排隊過閘口，通過X光行李檢查，這要耗點時間，所以至少提早半小時到車站。站內經常人滿為患，較舊的火車站，連個坐的地方都沒有，這時常有車站茶座的人員來招呼，每人十至二十人民幣就能進去坐一下，還有提早由小門進月臺的特權，這樣上車就能輕鬆點。不願付這錢的，待會與大家由閘門剪票，以拖拉著大包小包逃難的方式，隨著人潮洶湧往月臺熱鬧前進，體力好點的倒也不礙事。不過，中國的火車在各個中途站停留時間很短，數分鐘內「必須」拖著行李到達可能在兩百公尺開外的車廂上車，腳程一定要快，才不會因為沒趕上車而望車興嘆，空留餘恨。

住宿

一至兩人在中國旅行，就建議住各城市的連鎖快捷酒店，比較新穎且乾淨，酒店管理也比較上軌道。地點通常開在鬧區，火車站附近幾乎都有，房內設施可以達到三星級酒店水準，有付費早餐與免費上網，價格在兩百人民幣上下（二〇一四年的標準，通常以距離鬧區的遠近而定價），有的還提供免費自行車出借服務，對自助旅行遊客來說很便利，缺點是沒有大型餐廳、俱樂部、桑拿浴等設施（四星級以上酒店的設施）。一般可選擇「如家」或「漢庭」酒店（部分店有自行車免費出借，譬如：漢庭的昆明火車站店、西安豐慶公園店）。其他還有，「七天」比較便宜，多是年輕人住宿；「今天」也還不錯，透過攜程網（m.ctrip.com/html5）、e龍網（www.elong.com）或直接打電話都可以預訂，最好申請一張會員卡，可享折扣優待。要注意的是，有部分分店沒有接待外賓執照（官方認定臺胞是同胞，但在這裡又視同外賓），不能接待持臺胞證的旅客，這點必須事先問清楚，以免到時不能入住。

休閒

一般在中國住宿，經常有人會在房裡丟些小卡片，上有提供色情服務的聯絡電話，最好相應不理。隨著中國經濟的繁榮，情色行業相當發達，雖然近來對開放與否爭議頗多，但中國法律禁娼比臺灣嚴格，除非熟門熟路，否則有可能遭到罰款五千人民幣，傷神傷身，敗興而歸。

純粹「按摩」就沒問題，在勞駕雙腿旅遊了一天後，去按摩足療是個不錯的選擇。中國足療按摩服務業發達，相對來說有競爭力，值得一去。一小時約五十至一百人民幣（二〇一四年，依據店家裝潢與管理的等級而定），如全國連鎖的「富橋」就比較高檔 技師都有專業培訓，裝修豪華，並且提供免費餐飲。按摩時，可以跟技師（一般都是青、中年女性從業）聊天，這就是當前第一手獲得中國資訊的管道，藉此了解當地民眾的想法與價值觀，不想聊也可以睡覺休息消除疲勞。必須注意的是，有些足療店是「掛羊頭賣狗肉」提供特別服務的，好此道的另當別論，若想純按摩就要特別留意，這種店的按摩技術多半不到位。

飲食

在中國人生地不熟的城市，用餐的安全問題要注意，東西好不好吃其次，最重要的是不要吃出病來，避免食物中毒掛在旅途中。如果沒有熟悉的餐廳，一般可以選擇「回民」（穆斯林，信仰伊斯蘭教）開設的清真餐館（不供應豬肉、酒，這種館子各個城市裡都很常見），主要原因是乾淨衛生，價格實在，童叟無欺，也挺美味的。因為回民有宗教信仰的教誨，處理食物時，會依照《古蘭經》上那一套固定程序，能達到乾淨衛生的標準，以我個人的經驗，從沒吃出過問題。

旅行後記

人到中年，走遍千山萬水，看多見多後，覺得地球就這麼大，風景的差別也不太多，紐西蘭的景色可能會出現在九寨溝，美國、澳洲的沙漠景觀中國也有，不同國家、同一緯度，有些景觀就很類似。

如今旅遊要風景、人文兼顧才有意思，觀察中國的人文環境與社會百態；譬如說，與中國民眾聊天，了解他們的想法和觀念，然後想一想，是什麼因素在影響中國民心呢？政治宣傳和價值觀轉變的影響嗎？總之，求能「知其然，並且知其所以然」。經濟崛起的中國人心在變，環境在改。而且更開放，與臺灣、與世界互動越發密切。

每次去中國旅行，與各行各業人士接觸，能夠感受中國一直在變——社會人文的開放（思想觀念）、政治管制的放鬆（自由度增加）、經濟改革的績效（實體建設）。這種親身的體驗，不僅是好奇心的滿足，更是對中國深一層的了解，透過第一手的田野調查，在政治與經濟研究上，對中國未來的總體發展，能做比較精準的評估，而獲得實際價值。

第二章

華南地區：拜訪臺灣閩粵族群祖籍地

福州、泉州、廈門（漳州）到廣東梅州

臺灣百分之八十以上的人口，具有閩南及客家血統（按客委會二〇一〇至二〇一一年人口調查資料。其中福佬人（閩南人）占百分之六十七點五，客家人占百分之十三點六）。那麼，這些人祖籍所在究竟是哪裡呢？可令人感興趣了！

走了這趟臺灣人的尋根探親之旅，順道辦點私事，一舉兩得。

閩南、客家，臺灣人探源尋根之旅

究竟哪裡是「閩南」之地呢？閩南主要指現今中國福建省南部，從漳州、廈門到泉州這一帶，語言為閩南語，是臺灣閩南人祖籍所在。

客家的祖籍地又在哪呢？臺灣客家人祖籍主要可分為兩部分：一在廣東東部的梅州市（以前稱梅縣）及其周邊的蕉嶺、興寧、平遠縣一帶，口音稱作「四縣腔」；二在廣東汕頭西邊，沿海的海豐、陸豐縣一帶，口音為「海陸腔」。其中又以「四縣腔」居客家人口半數以上，因此梅州一帶是臺灣大多數客家人的祖籍所在。另外少部分來自福建汀江流域，如興化、龍岩、永定等地的客家族群。

福州是福建省會，工商業發達，與馬祖列島的居民在方言及飲食習慣類似。這趟旅程經馬祖小三通到福建福州，然後搭火車到泉州，再轉廈門，都是坐動車（福州站可上下動車，泉州與廈門則需到高鐵站上、下車，即泉州站及廈門北站）。接著由廈門搭火車往返廣東的梅州（廈門到梅州，搭乘快車。在廈門高崎站上、下車，梅州二〇一四年高鐵尚未通車），最後由金門小三通返臺。

火車車次	起迄站	時間	票價	備註
D6215 動車	福州站→泉州高鐵站	09:30～10:48	二等座 50.5 元	2014 年資料（人民幣）
D2295 動車	泉州高鐵站→廈門高鐵站	09:14～09:45	二等座 [illegible]0.5 元	同前
K230／231 快車	廈門高崎站→梅州站	16:40～22:55	硬臥 107 元	同前
K231／229 快車	梅州站→廈門高崎站	01:01～09:22	硬臥 118 元	同前

行程開始，由松山機場乘坐立榮航空飛馬祖，轉下午兩點由福澳碼頭到馬尾的船（船票臺幣一千三百元），約九十分鐘抵達。持臺胞證可以落地簽，費用五十人民幣。接著搭計程車到福州約四十分鐘（八十至一百人民幣），公車七十三路（兩人民幣）約一小時以上，這是指不塞車的情況，若塞車就不知道要多久，上、下班時間福州交通塞得厲害。

福州溫泉美食，偷得浮生半日間

到了福州先到處轉轉，尋幽訪勝一下。

西湖

福州的西湖有近兩千年歷史，最早在西元二八三年，西晉郡守嚴高開鑿西湖，引水注入用以灌溉。本來是水利設施，因為剛好在福州城旁邊，漸漸開發成休憩園林，目前有博物館、美術館、影劇院、兒童樂園等設施，並且與左海公園為鄰。風光景致秀麗，加上交通方便，西湖公園人氣很旺，在此看看福州人的休閒生活，覺得福州人挺幸福的。人潮雖然多了一點，卻能偷得浮生半日閒，是市區內很好的休閒去處。

三坊七巷

此處為市區內的古建築群，自晉代起就是士大夫聚集之地，不過現今多屬明清時代的建築風格。若有興趣看名人故居，如林覺民、沈葆楨、嚴復的故居，可以來走走。這裡有許多建築物都經過翻修，煥然一新，作為店面、餐館、咖啡館之類營業，相當商業化，這也算迎合一些愛看熱鬧，不愛看門道的遊客。

泡溫泉

看完三坊七巷後，走得腳酸了，上「福州溫泉公園」泡個溫泉挺愜意的。福州溫泉主要就在市中心一帶，交通方便，約是五四路與六一路交會的區域。不過，福州一向以桑拿多出名，掛羊頭賣狗肉提供「特服」的不在少數，看官們自己分清楚，可別走錯門，以免鬧出問題，造成遺憾。

福州的三坊七巷

福州著名的福州菜餐廳

清代曾任臺灣事務欽差大臣的沈葆楨故居

福州美食

到福州一定要吃頓福州菜，在此推薦兩種美味的平民福州菜：

一是光餅夾蚵仔炒蛋（蠣餅），光餅是圓形芝麻燒餅，中間有個洞，相傳是明代名將戚繼光與倭寇作戰時的軍糧，中間那個洞是為了串起來方便攜帶。吃起來餅香、蛋嫩，充滿海鮮的口感，不愧是名吃。

二是知名的福州魚丸，為一種「肉包肉」的肉丸子，外層是魚肉打成泥製成，內餡是豬肉，所以是肉包肉，香Q帶點嚼勁，配上魚丸湯口感一流。

此外，還有鼎邊糊、紅糟魚、春餅、馬蹄糕、海鮮米粉、佛跳牆等，都值得嘗嘗，但小心吃多了發福。

總的來講，福州菜常用蝦油、紅糟調味，極少使用辣椒，味道比較清淡，帶些酸甜，接近江浙菜系。

泉州，臺灣人祖籍地、拜訪臺商

離開福州往閩南故鄉泉州去，福州到泉州高鐵站一天五十七個班次，搭動車D6215，09:55～11:10，車程一小時十五分鐘。途中經過湄州灣，在媽祖故鄉莆田停了一下，一路上都是閩南沿海風光。泉州高鐵站到泉州市區約一小時左右。

1-2 泉州萬達廣場

到了泉州，有兩件事，一是看泉州人文市況，二是拜訪泉州服裝廠商。

臺灣最大族群是泉州後裔，也就是說泉州是臺灣人最大族群的祖籍地，根據日治時代（一九二六年）臺灣鄉貫調查，泉州人後裔占臺灣人口的百分之四十四點八，第二為漳州人後裔占百分之三十五點二。

到了泉州參觀新開的萬達廣場，由成群的高樓，包括知名餐廳、百貨公司、電影院及豪宅組成，軟硬體進步的程度直追臺北一〇一商圈，消費也不相上下，而泉州目前僅是福建省的二級城市。但是到泉州老城區走走（約在泉州的東、西湖之間），低矮老舊的社區到處都是，目前兩極分化貧富懸殊的情形越趨嚴重了。

觀察泉州人，如果從「外表及語言」這兩大特徵做比較，站在泉州老城區（新城區不能算數，因為太多外地人），看著數百位當地人從眼前走過，並且與本地販夫走卒們聊天，覺得與臺灣人相比，在外貌上有一定的差異。不過，令我想起中學時的老同學老蔡、老蕭（都是祖籍泉州的臺灣人），祖上幾代人都住在臺北大龍峒，味道的確很類似；這應該歸因於，現今臺灣人混血得比較複雜了——平埔族原住民、客

泉州市內景點——西湖

泉州老城區——西街

家人、外省人摻雜在裡面，外貌不可能不變。

以語言來說，雖然泉州說的閩南話可以聽懂，但是遣詞用字與口音不一樣，譬如說，「小心」臺灣閩南語發音為「稅梨」，而泉州發音為「水里」。無論如何，趕快到漳州去看看，再做結論吧！

第二天去拜訪服裝廠商，泉州及附近的晉江、石獅都是中國服裝產業的大本營，因為福建有石化業（陳由豪的翔鷺石化），能夠自產聚酯纖維布料（Poly-ester，是一種被廣泛使用，品質優良的服裝布料）。泉州很多人就靠著服裝業起家致富，當地充斥成衣廠與紡織廠，以及中、下游產業，服裝是泉州的出口大宗。

拜訪泉州的成衣臺商馬先生，一看打版室僱用十多位年輕妹妹，朝夕相處，有的就變成老闆的二奶。臺商在中國獨自打拚，身心寂寞，是需要解決的問題。

與當地泉州人廠商莊董、林總泡茶聊天得知，泉州的布料在「量」的方面早就遠遠超過臺灣，在「質」的方面也相差無幾，但是創新研發，臺灣還是居於領先地位，這是臺灣還能拿到較高工資的主因。兩岸產業競爭中，研發創新能力顯然是個決勝點。

泉州人，揚名世界的經商幹才

泉州人是極為優秀的商人，精明能幹，有打拚的文化，這點在臺灣人身上也能看到。泉州在九百年前的南宋時代是東方第一大商港，當時善於經商的猶太人、阿拉伯人都來泉州定居，泉州人血液裡應該有善於航海與經商的基因吧！這是可以舉證的。二〇一〇年，《富比士》雜誌公布的臺灣十大富豪，有七位祖籍是泉州人；另外三位是也善於經商的郭台銘（祖籍山西）、林百里（祖籍上海）、客家人魏應州（祖籍福建龍岩）。

而泉州移民的經商天分更在海外發揮得淋漓盡致，馬來西亞十大富豪，泉州人居然占了六位；新加坡十大富豪，泉州人占了六位；菲律賓十大富豪，泉州人占了六位；印尼十大富豪，泉州人占了四位，驚人吧？不過有一好，沒有兩美，泉州人政治軍事方面似乎不怎麼樣，在南洋地區並無法取得當地政治權力；而一六八三年，泉州人在臺灣建立的鄭氏王朝灰飛煙滅，使臺灣正式納入大清版圖。

在泉州，我們入住鬧區旁，豐澤街上的航空酒店，四星級，有人代訂打折下來僅三百人民幣，此酒店接近泉州美食街，吃東西很方便。

廈門，遊土樓看族群械鬥

離開泉州往廈門去，泉州到廈門只開動車，停靠廈門北站（高鐵站），一天有六十六班動車，搭動車 D2295，09:14～09:45，車程三十一分鐘。從廈門北站在島外的集美，搭快速公車 BRT 到市區約半小時。

到了廈門先興匆匆去華安參觀土樓。

泉州航空酒店，入住一晚人民幣三百元

泉州美食街牌坊

土樓

由廈門到華安看土樓，可以參加當地旅行團，火車站就有旅行社可供報名。

跟團搭大巴到華安約兩個半小時，自己搭公車到華安縣城轉仙都（土樓所在地）約三個半小時，車資四十五人民幣左右。

據我觀察，土樓就是個適宜居住的軍事要塞，客家先民的設計巧奪天工，就拿華安的「二宜樓」來講，一樓是倉儲，中央天井有水井，光是這樣就足以維持長久的後勤補給無虞；二、三樓是居住與公共區域，四樓可以居高臨下防守，還有運動場所來保持居民健康（有環型運動場供健行活動）。在以前，對沒有重型火炮的敵人來說，是個難以攻陷的要塞，土匪或有嫌隙的敵對族群，都是無可奈何的！另外，土樓也有方形的，四個角都設角樓，亦都是防禦工事，但方形土樓沒有圓形的大。

看了土樓這樣的軍事要塞，心中狐疑，想查清楚兩個問題，一是，土匪也會建土樓居住嗎？二是，土樓跟清代華南地區猖獗的「族群械鬥」有關嗎？答案是肯定的，第一，清代《重修虔臺志》中記錄了福建永安的土匪鄧興祖等人建造土樓對抗官兵的事情。第二，清代時，福建、廣東交界一帶，閩南與客家族群之間的械鬥頻繁，為了便於防守，將住家建成堅固的防禦工事，別的族群要侵略就沒那麼簡單，後來閩南人也學客家人蓋起土樓。

所以臺灣歷史上的族群械鬥，在原鄉就存在，只是隨著移民由中國轉到臺灣來了。

看過土樓這種軍事碉堡，讓人也想研究一下歷史上臺灣族群分類械鬥。

華安的大型客家土樓（陳維欽提供）

二宜樓內部

今昔對照，當前「政治內鬥」與昔日「族群械鬥」

二〇一五年的臺灣，我們都知道政治內鬥嚴重，但是，有人知道這跟「臺灣歷史上不斷的族群內鬥」有密切關聯嗎？

不但「原住民時代」各族就彼此攻伐，在漢人來臺以後，有紀錄可查的，清代各族群械鬥長達一百七十二年。「械鬥」都是殺人放火，經常死傷數千人，仇恨往往越結越深。一直到日治時代，軍事高壓下，械鬥才漸漸緩和，但是，族群間的怨懟依舊根深蒂固。

談械鬥，就要先說說臺灣原住民的來源。一六六一年，朱成功（國姓爺，人稱鄭成功，應稱為「朱成功」，因為他原名鄭森，經南明紹宗皇帝賜姓名，既賜國姓「朱」，又賜名「成功」，所以要嘛叫朱成功，要嘛叫做鄭森，不能只用一半）帶領大批漢人來臺前，在臺灣居住的人民，稱為臺灣原住民。

臺灣原住民的來源，學界的說法很多，莫衷一是。但有一點可以確定，就是各族的來源地不同。目前官方認定原住民共十六族，彼此血緣文化差異很大，自古就互相征戰從未統一，而且多數以砍下外族人頭（出草）為榮耀，如泰雅族、賽夏族、排灣族等。所以，可以認定絕非同一族，也不是來自一處。

學界認為，根據DNA檢驗，臺灣原住民應來自東南亞一帶較為可能（二〇〇〇年七月《美國國家科學院學報》論文〈從Y染色體看南島語族的來源〉），也有學者認為是從中國南部與太平洋島鍊（如琉球群島）移入：

·北方來的——琉球群島。
·西邊來的——中國閩粵一帶的越族。
·南邊來的——菲律賓群島，如蘭嶼達悟族、臺東卑南族、排灣族。
·東邊來的——大洋洲的玻里尼西亞。

目前未有定論，仍有研究的空間。

一六六一年泉州人朱成功（鄭成功），率領一支主要由漳、泉州人組成的海軍部隊（含海軍陸戰隊），攻擊臺南的荷蘭人，並且得到勝利，開啟了漢人進入臺灣的大門。在此以前，根據荷蘭人的紀錄，臺灣的漢人不超過一千人。

鄭家在臺灣經營了二十一年，南征北討，確立了漢人政權的基礎。至一六八三年，鄭家投降中國清朝，從此臺灣之地納入了中國版圖。清朝統治臺灣兩百一十二年期間，福建、廣東的漢人移民不斷進入臺灣，由於爭奪土地，族群隔閡，原鄉恩怨等原因，持殺人器械相鬥，稱為「械鬥」。除了早就有的原住民與漢人械鬥，後遺症更大的是漢人之間的「閩、客械鬥」與「漳、泉械鬥」。

械鬥不僅發生在清代的臺灣，早在原鄉的華南地區（廣東、福建）就已是積習成風，因為清朝政府的行政效率不夠，一直無法有效制止械鬥。但是，到了日治時代，大規模的械鬥幾乎沒有了，這要歸功於明治維新後的日本行政效率提高，嚴刑峻法之下，日本警察明察暗訪，常能消弭族群械鬥於未發。

臺灣的民間族群分類械鬥主要在清代，從一七二二至一八九四年，有一百七十二年的歷史。對於械鬥，清朝官府屢禁不止，有時連年發生，有時隔個幾年來一次，雙方陣營互相燒殺，社會氣氛恐怖，根本沒有王法。

以臺北地區來說，萬華區東園一帶，多是泉州三邑（晉江、南安、惠安）移民後裔；而大同區大龍峒一帶，則多是泉州同安移民後裔；漳州移民則靠近淡水海邊。中部地區，漳州人在內陸如臺中東部、草屯一帶；泉州人則在海邊，如鹿港、彰化一帶。客家人主要分布在桃園、新竹、苗栗一帶，屏東六堆與美濃也多客家莊，臺灣族群的分布情形，往往是械鬥的結果。

清代淡水閩、粵械鬥，曾有收屍眾多的紀錄，以當時臺灣人口僅兩百多萬來說，是不得了的傷亡。事後淡水一帶的客家人越過淡水河退到八里去，留下來的客家人，為了生存必須開始學閩南話，而後變成福佬客，如淡水三芝鄉的李登輝家族，原是福建永定縣的客家人，後來變成福佬客，已不會說客家話。

分類械鬥使得臺灣人根本就無法團結，清代兩次較大民變，一是閩南漳州人朱一貴（一七二一年）反清，客家人助清兵剿滅朱一貴。另一次閩南漳州人林爽文（一七八七年）反清，不但客家人幫助清兵，連同為閩南人的泉州人也幫清兵，因此更加深漳、泉，以及閩、客之間的仇隙。

當然這與官府採用「分而治之」的政策有關。即使在日治時代，原住民賽德克族「霧社群」武裝抗日，發生「霧社事件」，日本政府也是利用與霧社群不合的「道澤群」原住民攻擊起事的霧社群原住民，這是統治者的手段。

臺灣歷史上充滿了殺伐互鬥，族群之間不信任，互相防備，互扯後腿，早就是一種傳統。到了一八九五年，日治時代開始，為什麼內鬥減少了呢？人的紛爭有時難以解決，因為很多人會堅守立場寧死不改，所以戰爭一爆發，問題就解決了。畢竟，問題都是人引起的，人死了，問題就沒有了。

日治時代的臺灣政治安定了四十五年（一九〇〇至一九四五年），這豈不是因為在一八九五至一九〇〇年的占領初期血腥鎮壓了臺灣人，殺戮、驅逐了約十分之一臺灣人口的結果？

臺灣蔣家統治時代，臺灣政治安定了約四十年（一九五〇至一九九〇年），難道不是統治初期軍事鎮壓二二八事件，與接下來的白色恐怖時期消滅了反對勢力，所導致的結果？

一八六〇年的美國，政治紛爭嚴重，大家吵得不可開交，簡直比馬蜂窩還亂。結果血腥的南北戰爭一打四年，分出勝負後，問題解決了，政治穩定了一百多年直到今天。這種例子歷史上太多，不勝枚舉。

一個軍事強人出來大打一場，有如孟子說的「文王一怒而安天下」，天下安定了，人心歸順了，但是，死了很多人，流了很多血。亂世與治世就是這樣反覆交替出現在歷史上，這是人的天性，除非基因改良，否則根本改變不了。

因此現今的臺灣，雖說政治頗有分歧，但是，人們走在路上，不會被別的族群砍下腦袋，住的房子不會被一把火燒掉，土地不會被強占。比起以前，那個恐怖族群械鬥時代，還是好多了。

筆者在美國、紐、澳住過，看見白人、黑人、原住民在法治下和平相處，毛利人、太平洋島民、亞洲人、白人在民主下共聚一堂，他們沒有很嚴重的族群糾紛，政治上都能取得共識。相形之下，臺灣各族群的差異小得多，不論是中國各省後裔、日本後裔、原住民，統統都是亞洲人，外貌文化接近，沒有道理不能團結。

成吉思汗解決族群紛爭的辦法是，殺光對方的男子，強暴對方的女性並使其生下有蒙古血統的下一代，問題就解決了。這太殘酷，殺人是不對的，違反人道與上帝的旨意，而且「殺敵一萬，自損八千」，損人不利己。

最好的辦法，一是通婚，外省人與本省人，閩南人與客家人，原住民與漢人多多通婚，血緣文化交流，可以在二、三十年兩個世代內達到和諧。二是分清「敵我矛盾與內部矛盾」，臺灣與他國的利益衝突是「敵我矛盾」，不能化解，臺灣人要團結，共同爭取國家利益，此時臺灣族群「內部矛盾」，算是茶壺裡的風暴，可以包容化解的。臺灣人要認清，臺灣若垮了，意謂著大家全盤皆輸，應該努力建立臺灣意識。

漳州尋根

筆者在臺灣土生土長，臺北、臺中、高雄都住過，性好旅行，絕大多數的地方都去過。在大學修過臺灣史，可以算是臺灣通。一直很好奇，泉州、漳州是否真為臺灣閩南人祖籍所在呢？就像大不列顛是美國白人祖籍所在，美國白人與不列顛群島上的英格蘭、威爾斯、愛爾蘭人在「外貌與語言」上都非常相似。

為了到漳州一探究竟，從廈門湖濱南路汽車站搭上大巴到漳州，車程約一小時（也可以搭高鐵，車程約二十多分鐘，但是要到廈門北站去搭）。

在漳州街頭逛了數小時，吃飯購物，與當地人聊天，與其說漳州人像臺灣閩南人，不如說漳州人像廈門、金門人比較恰當。

實地到廈門、漳州、泉州去看，發現廈門人就是漳州與泉州人的綜合體，而且長相、口音又都與金門人相近，但是，與占臺灣本島人口最多數的閩南人，口音不一樣（雖說都是閩南語），外貌亦有差別。原因應該是：當年移民到臺灣多為男性，「只有唐山公，沒有唐山嬤」。閩南移民與平埔族共同的後代，才是現今臺灣的閩南人吧！

廈門鼓浪嶼，勞動尊腿走一走

鼓浪嶼是個氣氛特殊的小島，離廈門本島很近，搭渡輪過去三分鐘就到了，以前來回才三人民幣，二〇一一年後政府徵收上島費，漲價到八人民幣，最晚一班八點渡輪要是沒趕上，泳技好點的游泳也能游回來。

在島上必須勞動尊腿走路，鼓浪嶼禁止燃油式機動車輛通行，沒有汽車、摩托車的熙來攘往，環境相當清淨。二十世紀初，曾經是洋人領事館聚集之處，留下很多洋式建築與別墅，後來漢人經商有成的，也到鼓浪嶼來住，這裡就成為高級住宅區，豪宅林立，形成特殊的風情，不少詩人墨客很喜歡。

鼓浪嶼上，除了碼頭這一帶比較商業化，往裡穿過民居小巷，氣氛就樸素悠閒，坐在平民小館裡吃一碗米粉，口味還不錯，感覺又輕鬆，很舒服。繞島走一圈，接近一萬步，相當有益健康。

在鼓浪嶼踏著隨性的腳步，有種遺世獨立的氣氛，而廈門不過就是近在咫尺，區區幾百公尺一水之遙，一瞬間，馬上又回到燈紅酒綠、萬丈紅塵的廈門，置身於現實功利的世界當中。

鼓浪嶼上民居街景

鼓浪嶼渡船碼頭

到廈門的白鷺洲公園走走吧！原因就一個「近」字，有多路公車可達又免門票，公園內一彎清水，碧草如茵，有廣場、遊樂中心、美術館、美食餐廳等設施，可以散步賞景消磨一個下午，而周圍都是廈門最繁華熱鬧的地段。

來到有一千多年歷史的南普陀寺，始建於唐代，此處有口一千多年的銅鐘，但是，今日所見多是近代翻修，這在中國很常見，仔細想想，經歷文化大革命（一九六五至一九七五年）的破壞，若不修繕應該毀損得很嚴重？此寺有多路公車可達又免門票，在山腰上往下望去景色宜人，人氣很旺盛。

梅州，客家大本營

由廈門到廣東梅州，辦事兼自助旅行，重點不在風景，而在人文觀察。

從臺灣到梅州走「金廈小三通」比走香港或廣州來得經濟方便，由廈門往返梅州搭火車舒適安全，缺點是抵達與離開梅州的火車班次都是在凌晨十二至一點左右，有點累人。

火車班次如下（二〇一四年四月資訊）：廈門高崎 → 梅州，第一班車，K230／231，16:40開～22:55到，硬臥鋪一百零七人民幣。第二班車，K298／299，17:55開～00:06到，價格同前。梅州 → 廈門高崎，第一班車K232／229，01:01開～09:22到，一百一十八人民幣。第二班車，K297／300，02:41開～08:38到，一百四十二人民幣。

春城何處不飛花

想不到梅州這小城市也是「春城何處不飛花」，一入住酒店，剛拿出臺胞證，櫃檯就告訴我：「有年輕本地小姐，兩百五十人民幣，上房服務；桑拿五百人民幣，兩小時，多是年輕湖南小姐，吹拉彈唱樣樣精通。」謝過了櫃檯的推薦，敬謝不敏。

梅州街景

梅州近年來的城市建設跟中國其他城鎮一樣，都是突飛猛進，新的大樓櫛比鱗次，馬路也挺寬敞。畢竟建設搞得不好，地方官員得下臺負責，搞城市建設一般等於來錢，當然卯足勁幹。

臺灣桃園、新竹、苗栗、屏東、花蓮等地客家人士與梅州頗有血緣淵源，多是在清代由梅州移民臺灣。臺灣另有部分客家人士並不屬於梅州移民，而是屬於廣東的海、陸豐縣較多，靠近沿海的惠州一帶，口音有些差異，但彼此都能聽懂。此外，少部分來自福建汀江流域，如興化、龍岩、永定等地的客家族群。

梅江邊一景

梅州市梅江橋上一景

梅州劍英公園

這個公園是為了紀念中共元老葉劍英，他是廣東梅州人。公園位在梅州市中心，占地甚廣，政府花了不少公帑將公園整理得草木扶疏，景觀清淨，但是，平日很少人來，遊樂園與遊船都沒有遊客，宣傳用的革命烈士紀念展覽館，無人參觀，連管理員都沒看見。

能感受到現今中國老百姓不信這套了，隨便去看，各地的烈士展覽館一年能有幾個人感興趣參觀？臺灣人可能還會覺得新鮮，但中國民眾通常不願意浪費這個時間。

梅州民風與民情

當地客家人大多是農民，民風勤勞儉樸，街道都很乾淨，晚上治安也很好。梅州雖在沿海經濟發達的廣東，但地處廣東北部內陸，發展算是比較遲緩，物價卻比較高。聽計程車師傅（當地稱司機為師傅）說，一般工資每月只有約一千五百人民幣，而吃一餐要十人民幣以上（以吃飽為標準），如何還有餘錢付房貸、教育、醫療、服裝及交通費用呢？

一般來說，官員富而百姓貧，中下階層的，如計程車、三輪車司機講起政府都是滿腔不滿，不吐不快，官民關係似乎有點緊張。不過，現在中國政府的政策是不再搞革命，要搞社會和諧，就是好好安撫中、下階層，我吃肉你喝湯，大家和氣生財別嘔氣，一般農村收入也因此有所改善。

李先生的埋怨

與工作合作有關的當地人士李先生見面，兩人聊了一陣，他是廣東某大學高材生，三十五、六歲，留學美國，住猶他州，因為父病返回中國。

我們把公事處理完畢後，一起吃飯閒聊風花雪月，萬萬沒想到李兄語出驚人。

照理說，李兄受共產黨薰陶已久，應該是愛國愛黨的。但是，不知是否在美國住久了，見到我是臺灣人，他的言論相當激烈，李兄說他主張廣東獨立；現今共產黨控制的媒體與文宣，滿是謊言；他與官員打交道的經驗，沒有一個官員可以稱得上是「人」。他又說，有官員被殺的新聞，網路上是一片叫好，共產黨的崩潰只差最後一根稻草；中國經濟實況不好，經濟數據多是造假，進步是表面假象；在中國要生存，主要得靠「關係與錢」。他還說，他有同學因殺人「判死」，送錢後改「判活」一等，言之鑿鑿，說得很多，不及備載。

李兄大概是在美國受了民主洗禮，思想改變了，如此偏激，在中國還能安居，沒送去勞動改造，也顯示中國目前開放許多，老百姓敢講了。不過就個人在中國的實際觀察，中國很大，廣東偏激不滿現況的知識分子，與中、西部民眾想法差距頗大，各地的官員的官箴也不一樣。事物都是有利也有弊，搞改革開放，當然俾利一群人，眼紅另一群人。總的來說，受益的人還是多，只是分配不均，有的吃麵，有的只喝點湯。在硬體建設，如住房與交通設施上，大家親眼所見，幾乎達到「百年盛世」的地步，不能不說，中國政府是有成績的，瑕不掩瑜，不能抹煞這點。

至於官員自肥問題，這是人性，人不為己，那是聖人，能有幾個？若換李先生親自來做會好多少，好多久？除非做到人性基因改良，把下一代人都變得為公忘私，只為別人不為自己。否則，還是得從制度的改進著手，要嚴肅吏治，嚴打貪腐，都是觸犯了既得利益，不容易徹底執行，而且必須循序漸進，不能一下子就把貪腐全抓了，基本上不能一蹴而就。長期一黨專政的情況下，政治制衡力道本來就不夠，又實施資本主義物慾掛帥，要達到「廉、能」政治，難度很高。

巧遇「官兵抓強盜」

在梅州東山大橋，一輛小轎車從橋上開下來，公安攔下車，搜出毒品，有兩個年輕人抱頭蹲在路邊，一動也不敢動。幾位公安圍著車子一邊談笑風生，一邊取證拍照，吸引了大批圍觀的群眾。

就在此時，站在身邊有一位抱著小孩、素昧平生的三十多歲男士主動與我聊起來，他說：「沒事，一般初犯，給一百萬人民幣就放人，累犯或已經幹販毒致富的，就要給一千萬才能放人，但都得在新聞公布以前才行，新聞一出，案子就蓋不了，給再多錢也不能放人。」

問他，你怎麼知道？他說就是知道，因為他認識的當事人是同村一起穿開襠褲長大的。

他說的是真是假，僅供參考，純屬筆者的旅遊見聞。

巧遇臺灣人前妻

來到投宿酒店附近的足療店，按摩一小時五十人民幣。幫我按摩的技師姓胡，聊天時知道我從臺灣來，就跟我談起臺灣種種，原來她曾嫁臺灣人，住在臺灣好幾年，因為老公不能生育而離婚，很悲傷的故事！

後來在家鄉又碰到一個對象待她很好，因此回到梅州工作，現在有一個小孩，與臺灣前夫時有聯絡，像朋友一樣，對臺灣仍念念不忘。胡小姐是離梅州不遠的興寧市人，她告訴我梅州比興寧的治安好很多，人也樸實，我也認同梅州確實是比較保守的內陸山城。

由梅州返回廈門，搭K232／229，01:01開～08:21到，硬臥鋪一百一十八人民幣。到了廈門火車站，轉往東渡碼頭（計程車車資二十多人民幣），乘快輪回到金門水頭碼頭，轉機回臺北。結束此趟旅程。

第二章

華東、華北地區：縱貫江淮平原與橫越山東半島

馬祖、南京、濟南、青島火車之旅

馬祖小三通、馬祖一日遊

南竿航空站

二〇一三年十月中旬，秋末。一早到松山機場乘坐上午九點二十分立榮航空飛馬祖南竿的班機。Check in時，櫃檯服務小姐可能剛跟男友吵過架，一副愛理不理的晚娘面孔，連寄行李的地方都搞錯。當有人奉勸她回家休息，並且更換工作之後，服務態度馬上就改善很多。

經過一小時飛行後，抵達在黃色海水中的美麗島嶼——馬祖南竿，島上花草扶疏、空氣清新，步行十分鐘就到連江縣政府所在的介壽村，是島上最商業化的村子。

從此地公車總站搭公車觀光，繞島一圈約四十分鐘，島上公路走勢蜿蜒崎嶇，坡度大、路又窄，讓我想起了當年在二〇九師工兵連的馬連長，他連上的弟兄在馬祖構工時出了車禍，有人死亡，他因此被調職。如今看看這路況真夠危險！

馬祖連江縣政府

馬祖福澳碼頭

馬祖酒廠

馬祖南竿福澳碼頭

馬祖列島中還有更美的北竿、東引島，可惜我沒時間去。從南竿機場搭計程車（公定價臺幣一百元，車程三分鐘）趕往福澳碼頭，搭下午兩點的船往福州馬尾港（船票臺幣一千三百元）。

經過約九十分鐘的快船航程，到了閩江口的馬尾。持臺胞證可以落地簽——五十人民幣。接著搭計程車到福州約四十分鐘（八十至一百人民幣），公車七十三路（兩人民幣）約一小時以上。這是指不塞車的情況，福州在尖峰時段很會堵車（塞車），因為中國現在買車人口成長率世界第一嘛！位居中國東岸經濟發達區域的福州，二〇一三年，市中心區域房價已達每坪三十至四十萬臺幣。超過臺中、高雄，逼近臺北了。

火車行程，如左表：

火車車次	起迄站	時間	票價	備註
K46 快車	福州 ──▶ 南京	18:18 ～ 15:00（次日）	硬臥 27[illegible]元	2014 年資料（人民幣）
G34 高鐵	南京南站 ──▶ 濟南西站	08:45 ～ 11:25	二等座 2[illegible]0 元	同前
D6001 動車	濟南 ──▶ 青島	07:20 ～ 09:59	二等座 12[illegible].5 元	同前
D6016 動車	青島 ──▶ 濟南	18:45 ～ 21:27	二等座 121.5 元	同前
G63 高鐵	濟南 ──▶ 南京南站	07:50 ～ 10:30	二等座 280 元	同前
2001 快車	南京 ──▶ 福州	12:42 ～ 10:28	硬臥 280 元	同前

火車上一日生活

福州往南到廈門，往北到南京、上海、北京，都有高鐵，行程中略去了上海。因為去過上海多次，覺得上海的歷史短，是鴉片戰爭（一八四〇年）之後興起的，所以在歷史文化、政治、民風上都乏善可陳。

上海唯一優勢就是經濟中心，人多是外來經濟移民（主要來自江、浙兩省，部分來自全國各地與海外）。我的上海同學都認為上海是一個「上下交征利」的地方，現實而充滿銅臭味。

南京則大不同，既有六朝故都的風華，也是政治、經濟與文化中心。

搭火車從福州去江蘇省會南京，有兩個選擇：（一）搭高鐵約九小時，三百一十人民幣。（二）搭K字頭快車臥鋪過夜約二十小時，兩百七十人民幣。選擇了後者，原因是，搭火車若超過四小時，躺著要比坐著輕鬆很多，票價也優惠些。

搭晚上六點十八分由福州往北京的快車 K46，上車後先把行李放在鋪位旁的架子上，放牢靠點，避免掉下來砸到別人的腦袋，不久乘務員就會來安全檢查。

上鋪離地有兩公尺多，我雖然步入年高德劭階段，但年輕當兵時有練過，還是能爬上去。換成一般老人家可費勁了，如果攝護腺不太好，夜裡摸黑起來上兩次廁所，那就真夠嗆的。

因此建議年紀大的遊客，買中、下鋪較理想。火車開動後，車廂搖搖晃晃，我只當作是睡在搖床裡。隔壁中鋪的江西年輕妹子，身上隱約傳來陣陣香水味，心中感慨，中國男同志（此同志是一般人稱呼，與臺灣的意思不同）還真多現代柳下惠啊——坐懷一點不亂。火車輕搖中好入眠，不一會就進入夢中。

醒來時已經過了江西景德鎮，進入安徽黃山地界。安徽算中國中部發展比較遲緩的省分，沿途常見山間農村徽派建築的黑瓦白牆，以及農民起早耕作的景象。車過安徽績溪，此地是中共前總書記胡錦濤的故鄉，但是鄉間仍相當破舊衰敝，無法跟江蘇、福建、廣東沿海農村欣欣向榮的景象相比。

玄武湖畔好休閒

南京火車站

中午，鐵路局員工手推著盒飯車來叫賣。兩素一葷，一個二十人民幣。對面的民工大哥嗆聲了：「真他媽的貴，以前也就十塊錢。」很多人都是自帶泡麵，反正火車上免費供應熱開水，將就點省點錢，火車上賣的東西貴是人盡皆知。

這幾年中國物價幾乎漲了一倍，貧富差距擴大，「基尼指數」升高。雖然基本薪資調高，收入也翻倍，但是人的慾望亦在升高，房子、車子、手機、電腦、健保，甚至旅遊，樣樣都逐漸成了生活必需品，好像沒有就不行。缺錢有壓力的人滿街都是，人的慾望高了，收入趕不上，反倒是給自己壓力。快樂程度下降，這是資本主義下共同的社會現象。

下午過了安徽宣城與蕪湖，進入江南魚米之鄉，這是中國盛產美女的地方。女人長得秀氣斯文，皮膚細膩，身材苗條，口音儂軟，就是心思比較多，交往起來複雜了點。

下午三點左右到了南京，車站前就是著名的玄武湖公園。上次在臺灣日月潭聽到一位中國遊客說：「這就是日月潭？比我們南京玄武湖大不了多少嘛！」玄武湖的確不小，在市區中心，交通很方便，就是空氣不太好，湖邊有些遊民。

老南京社區憶舊

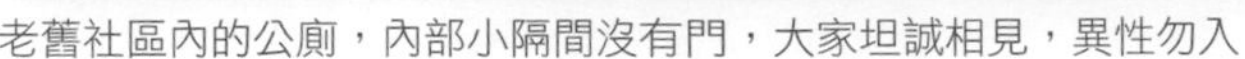
老舊社區內的公廁，內部小隔間沒有門，大家坦誠相見，異性勿入

二〇〇一年我與母親到南京探親時，在此地住過三個月。水佐崗是南京的中心區，道地的老南京風味，懷舊風情，也是好學區。居民很多是公務員與南京電器廠的員工，素質不錯。老舊的平民生活樓房與到處存在懷舊的小店鋪，生活交通都方便。小區內有些「特色」的足療按摩店，帶點脂粉味，都是男人光顧。

水佐崗房價十年來漲了五倍，嚇人吧！真是一點都不客氣，已經逼近臺北。很多房子外表居然比臺北幾十年的老公寓更舊。也跟臺北某些地方一樣，老舊破房拆不掉，沒法都市更新。新區都在郊區，如江寧、仙林、六合，靠地鐵聯繫。近年來中國居民也會抗爭，當官的官威沒有以前大了。有奢侈腐化行為的官員，要是讓老百姓拿手機拍到證據，一往上舉報或PO上網，有可能吃不完兜著走。

市中心的老舊社區

老舊社區的夜市，想吃胃腸要好

南京物價——水果

懷舊的小店鋪

南京地鐵沿線，房地產漲勢驚人

鹹豆腐腦兩人民幣

地鐵二號線

南京新建的高樓櫛比鱗次，圖為建造中的高樓

南京地鐵

二〇一四年前已經開通1號、2號兩條線，東邊的仙林，南邊的江寧都因此與市區拉近了距離。二〇一四年底，又開通了10號、S1、S8三線，共計五條線。這使得長江以北的六合也進入南京生活圈，帶動當地房地產上漲不在話下。

地鐵站總能帶動周邊房地產價格，這頗有點「放諸四海皆準」的味道。南京地鐵新穎而且票價便宜，不論是東到西，還是南往北，坐上一小時路程，最多四人民幣（約二十臺幣），這比臺灣動輒要三、四十臺幣便宜。不過，排隊的、讓座的還是少，風氣尚未養成。改革開放後，資本主義下的整體環境比較現實勢利，適者生存，不適者淘汰，讓座會讓自己比較累，減少了競爭力，是吧？

說說市區的交通吧！富了以後大夥都買車了。二〇一三年中國新車成長率世界第一，但停車位嚴重不足，開車的新手多，遇到車禍也沒有處理經驗。結果亂停車，亂開車，小車禍頻傳。加上電動機車橫行（一種騎起來無聲，可以逆向走，也可以走斑馬線及人行道的交通工具），造成南京交通亂、塞車多。這本是中國大城市發展過程中的共同現象，南京尤其嚴重。到當地觀光的遊客要多留個神，一不小心讓電動車撞了可不好。

有個現象比較奇怪，南京的私人小汽車跟臺灣一樣，也是到處亂停　車倒是很少見到被人刮傷的，不像在臺北，曾經看過有車子被刮上「亂停車幹〇娘」。中國民眾比較包容隨處亂停的車子，顯示目前對有車階級抱持一定的尊重。

安徽馬鞍山，南京後花園

馬鞍山乃是安徽省的東門，有「金陵屏障、建康鎖鑰」之名，被稱南京的「後花園」。很多南京男同志（中國人互稱同志，此同志非臺灣所謂的同志）經常到此一遊，屬安徽省管，此處風花雪月，比較開放，從地鐵南京南站轉搭汽車，距離南京約五十分鐘高速公路車程。

我們到雨山湖及南湖一帶遊憩，湖就在市中心，相當方便休閒。

此外，采石磯是必遊之地，有天下第一磯之稱。位於長江東岸，突出長江，形勢險要，自古是兵家必爭之地。采石磯以「翠螺浮大江」的自然景觀為特色，臨江建有太白樓古蹟，古時可以登樓望遠。

與十二年前的馬鞍山相比，真是江山依舊，景物全非。老房都拆了，新樓櫛比鱗次，目前市中心房價約是每平方公尺六千人民幣，僅是南京的三至四分之一，也有不少臺商在此發展。火車站一帶倒是變化不多，相當破舊。現在中國官員在鬧區拆老房子也不容易了，居民會抗爭要錢。所費不貲又得罪人，市政府官員還不如自行在郊外找塊空地搞個新開發區，有建設讓上級高興，搞房地產又賺錢，一舉兩得。

火車站附近路邊看到一排按摩足浴店，有一些擦了胭脂的女同志在招呼客人。問計程車師傅怎麼回事，回答說是低級的「掛羊頭賣狗肉」，高級一點的服務要上「會館」去，大家會心一笑。中國大城市民工多，離鄉背井，沒有伴的，也有性需求要解決。地方政府睜一眼閉一眼，算是解決部分社會問題。這種飲食男女的事，在一個逐漸開放的社會中禁止不了，還沒看過有例外的。

旅途中我思我見

中國政府的宣傳，如今資訊爆炸時代，信不信得由百姓了

中國政府效率高，建設快，有目共睹。雖然這些年來腐敗嚴重化，但有國民黨在臺灣執政，多少能幫忙起點「反腐」的作用——激起點政治上的憂患意識。如果失掉民心，會不會哪天國民黨又回來搶政權了？所以共產黨內上下有共識，要嚴打腐敗，爭取民心。

經濟面來說，目前中國在經濟轉型上雖然碰到些困難，但中國資金充沛，外匯存底世界第一，人民幣長期看漲等因素，能吸引外來資金，還是有能力推動政府投資與建設。

人力供給雖然從二〇一三年開始下降，但受過大學教育的年輕人口比十年前多了五倍，也因為人力少了，大家如今不愁找不到工作，而是在意找到什麼樣的工作，失業的壓力導致社會動盪的機率小了。總的來說，發展中都不免碰到很多難題，但目前共產黨還是能吸引優秀人才的。

中國十三億人口基數大，因此優秀聰明的人才比其他國家多，而人才能解決問題。林毅夫（戒嚴時期由臺灣叛逃到中國，國際知名經濟學者）說：「中國經濟還將高速發展二十年。」不以人廢言，看來中國十年內還會持續的發展。

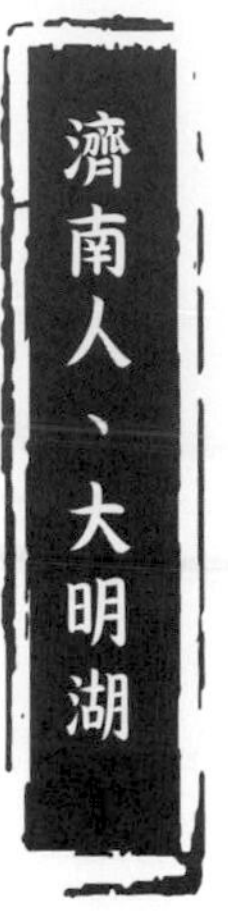

濟南人、大明湖

由南京到山東省會濟南，火車通高鐵，班次也多（一天六十多班），二至三小時左右可達。也可以搭鐵路K字頭「快車」臥鋪，睡一晚早上到濟南，省下住宿費用。「快車」到的是濟南站，在市中心。「高鐵」在南京南站乘車，大部分列車到的是郊區的濟南西站，由濟南西站搭公車到市區約一小時左右（會塞車）。濟南來往東岸大城青島，單程約三百九十公里，好比臺北到高雄一樣，如今一天有四十九班火車（含高鐵動車），費時兩個半至五小時不等，十分便利，可以當天來回。

早早乘坐高鐵G34班車早上八點四十五分由南京南站出發，車票二等座約兩百八十人民幣，約兩小時四十分鐘後到達濟南西站。中國高鐵的服務品質不錯，就是列車上賣的東西比較貴，讓人不敢隨便下手。濟南西站是個嶄新、巨大的建築。中國政府很重視國家形象工程，蓋起新火車

濟南西火車站

站，花錢毫不手軟，濟南、銀川、成都、南京……新火車站都是蓋得規模宏大，氣吞河山，讓人一望而自覺渺小，可能會由衷敬畏起中國的富裕強大吧！

濟南人

在二千六百年前的春秋時代，濟南屬於魯國。距孔子故鄉曲阜不遠（約一百三十六公里），從外貌觀察，濟南人與東邊的青島人（春秋時代屬齊國）明顯不同。濟南人是典型的北方味道，個頭高，男人平均有一百七十五公分左右。女人有點高頭大馬，皮膚粗黑，人倒挺好　很實在，但可惜不夠風情萬種。

濟南人擺攤做生意的，不常有笑臉，不喜歡講價，老實健壯，應該善於務農或行軍打仗。與膠東青島一帶人比起來，魯人粗魯點，齊人就細緻點，會做生意。總的說來，山東人都直來直往，善良厚道，但有脾氣，一旦惹毛了，會幹後悔事。

大明湖

清代名人劉鶚的著作《老殘遊記》中，描述濟南「四面荷花三面柳，一城山色半城湖」，黃河由濟南城北邊流過，城裡地下泉水多，自古稱「泉城」。其中大明湖就占了古代濟南城池內的一半面積，由地下泉水汩汩積聚而形成，湖堤上廣栽柳樹，美不勝收。

大明湖景區就在濟南市中心，買票（七十五人民幣）可以逛整個湖區。即使不買票，也可以逛半個湖區。大明湖周遭走一圈約五、六公里，是很不錯的市中心遊憩景點。

湧出泉水的五龍潭

1 以湧泉名聞遐邇　2-4 大明湖景

新人在大明湖拍攝婚紗

大明湖

大明湖超然樓

中國的服務業

中國服務業進步很快，記得十年前在揚州的路旁小餐廳，向老闆叫個揚州炒飯，結果老闆哼了一聲說：「飯沒有！」口氣不好面無笑容，心中琢磨著是哪裡得罪你了？想想沒有哇！就又問還有什麼別的可吃？老闆回答：「麵有！」說話就是粗聲粗氣，也沒有特別意思，這便是當時服務業的服務態度。而銀行的服務態度，總讓人覺得官僚，對顧客會打官腔。行員的老闆是「政府」不是民眾，投訴也常沒下文。這種銀行，服務業一旦開放競爭，就得關門熄燈。

這次到濟南，不一樣了，想開通銀聯卡（一種有網路銀行功能的卡，可以上網買車票、購物、轉帳），到了提口路的交通銀行去辦。一位大堂的年輕女經理，有耐心又和藹可親，對業務熟悉，真是有貴人相助，銀聯卡因此順利辦成，看來中國銀行業的競爭力也在進步中。

在火車站附近看到「官民吵架」的鏡頭，先是水果攤的中年老闆娘，指手畫腳的，拉大了嗓門跟買水果的顧客槓上，就為了顧客多要了一個小塑膠袋。接著一位中年公安（警察）出面處理，要求老闆娘：「要不給個袋子，要不給人退錢。」老闆娘說：「公安又怎麼樣？不行！」後來公安也面紅耳赤、氣急敗壞，不久又來一名公安介入……沒再看下去了，整件事給我的感覺是，中國公安的作官威風沒有以前大了，老百姓也敢不甩你了！

四輪微型車

濟南街頭出現一種四個輪子的電動迷你小車，以前沒見過這麼小的四輪小汽車，覺得稀奇。這車供老年人代步，車子寬度只有一般小汽車的一半，前座只有駕駛座，後座勉強擠下兩個小學生。經詢問，小車充電一次可行約八十公里，市價約一點五至兩萬人民幣。與摩托車相比，價格有競爭力，乘客可免風吹日曬雨淋，也比較安全。中國電動車企業頗為先進，製造的電池性能已達國際水準。中國政策重視綠能產業發展，不論城市或農村，房子屋頂佈滿太陽能發電板，已經成為一種到處可見的景觀。

超小電動車

外型超迷你

青島，海邊的歐式風情

行程：濟南來回青島，去程——從濟南搭動車D6001，07:20～09:59，二等座一百二十一點五人民幣；回程——青島搭動車D6016，18:45～21:27，二等座一百二十一點五人民幣。

火車進入市區內的青島車站，就可以感覺這是一個風光明媚，碧海藍天，充滿異國風味的城市。曾經是德國的殖民地，市區保存很多德式建築。

到離火車站不遠的「棧橋」一帶海灣區逛逛，有點美國舊金山漁人碼頭的味道。與棧橋的小販們討價還價一番，買了幾個袁大頭（民國初年的銀元），想當然耳是假的，不過對假銀元吹起氣來，真有銀子震動的響聲，小販硬拗他是賤價出售，我心想：「是才怪！」

沙灘邊有當地男男女女在打沙灘排球，球技似乎不錯，應該常常打。青島人比較洋派，在北方人中算斯文秀氣，女子身材婀娜，穿著時尚，態度從容，氣質不錯。此地為經濟發達省分，在中國名列前茅。本地人善於經商，有很多到韓國做生意的華僑。臺灣大商人郭台銘先生就有古齊國（山東）人血統。

順著海邊的太平路往東行，到萊陽路旅遊碼頭與海軍博物館，看到幾艘戰艦停泊，有一類似棧橋的跨海步道到小青島公園。

青島的海灣也是帆船海上活動基地，經常舉辦帆船賽事。一日遊可以到青島中山公園走走，時間充裕的就到嶗山風景區，不過來回要一天。我個人偏愛青島的城市氣氛，夜生活也很精采，翻開當地報紙，都有許多夜生活廣告供參考，包括酒吧、桑拿、按摩等，當然外地人都要以安全為第一考量。

青島的德式建築

棧橋

青島海邊夜市

旅遊安全的提醒

北方的氣溫到了十月底與南方差別很大，濟南晚上已經是攝氏五、六度，回到福州居然是攝氏三十度，而溫差大就容易感冒。旅行中注意身體保暖為要，人在外地生不起病，人生地不熟一旦生病也缺援手，尤其是單人自助旅行，出事死在異鄉都沒人知道。因此，出發前要做好安全準備，備好保暖衣物、簡易藥品，買個旅遊平安保險，備妥當地熟人的聯絡電話，各地臺商協會與對臺辦的聯繫方式，以備不時之需。

青島市區臨海沙灘

青島海軍博物館入口

小青島公園及停泊的軍艦

火車上見聞，美女、軍官

從濟南搭火車到南京南站，一天有七十八個班次，搭高鐵 G63，07:50～10:31，二等座兩百八十人民幣。南京到福州，搭高鐵 2001，12:42～第二天 10:28，臥鋪下鋪兩百八十人民幣。

火車臥鋪回福州時，我睡下鋪，上鋪與中鋪分別睡了兩位閩北美女。兩人是所謂的九〇後辣妹，一路用閩北（福建北部）口音聊天，閩北地處山區，交通阻隔，口音難懂，光是方言就上百種。睡中鋪的美女途中拿出平板電腦看影片，沒用耳機，忘了隔牆有耳，強迫別人收聽。影片的劇情激烈，時而男女吵架，時而打架，一會哭泣，一會狂笑，吵得左右不得安寧。經過我正色勸告後，才有所收斂。中國九〇後大多是獨生子女，成長中備受寵愛，以自我為中心，生長環境比較富裕，吃不得苦，離婚率很高。

車過南平後，鐵路沿著「水口水庫」一直駛到閩清縣，沿途山光水色，風景宜人，就坐在窗邊欣賞。車到建甌，兩位在外地打工返鄉的閩北美女下車去了，車廂裡頓時清靜許多。閩北山區經濟不發達，農村多靠種茶、養魚，也種些其他作物營生。因為交通不便，一般企業、工廠不來，所以年輕人多往沿海發展，經濟上形成「強者越強，弱者越弱」的現象。因此，閩北山區的 GDP 產值不到沿海的一半。

過了閩清，又聽一位解放軍軍官在聊天，談到中國農民經常隨地大、小便的事。他說：「在軍中對部隊經常又訓又罵，要求改進，但習慣一時很難改，還是在營區到處發現有人大小便。」聽者不禁啞然失笑，這農民習性真是不好改啊！

火車到了以桑拿聞名的福州，氣溫高達攝氏二十八至三十度，與北方的寒氣逼人大不相同。全身細胞都活躍起來。在福州吃了中飯，便搭動車往廈門去。

約一個半至一小時抵達廈門，此地就非常熟悉了。去有名的鼓浪嶼走了走，下午往廈門五通碼頭，搭船到金門，經金門乘坐復興航空班機返回松山機場。

閩北小城建甌

福州肯德基雙層雞腿堡餐，賣三十五點五人民幣，約一百七十臺幣，比臺灣貴

福州動車往廈門，時速兩百多公里

動車候車室一景，幾乎客滿

第四章

華北地區：八百年的政治中心

北京之旅

二〇一五年，由南京到北京已全程開通高鐵了，一天約有五十個班次。在南京南站上車，北京南站下車，全程約四個多小時。

火車行程，如左表：

火車車次	起迄站	時間	票價	備註
G108 高鐵	南京南站 → 北京南站	09:21 ～ 13:55	二等座 443.5 元	2014 年資料（人民幣）

來到北京多次，對北京有許多記憶。綜合起來，最長的一次是在二〇〇七年，那次是負有多重任務——既需看病求醫，也有探親旅遊。北京是中國首都，也是醫療資源最集中的城市，很多疑難重症者都會上北京來求治。

北京旅遊看門道

在北京的夏秋之際，差不多兩個半月生活於此，除了帶母親看病，沒有其他的事，也不需要工作。所以，有著大把的時間，靠著地鐵、公車，還有兩部自行車，白天夜裡，穿街走巷，進行「北京研究」。憑著強烈好奇心，把中國首都——北京，大大摸了個底。

北京來頭大

北京八百多年來，主要是個政治中心，是全中國「發號施令」的地方。從金朝以來，到元、明、清四代都建都於此。因此，歷史人文薈萃，當然也是文化中心。

中華民國建立後，依舊是以北京為首都。一直到國民政府北伐後的一九二八年，迫於日本人的壓力，才實際遷都南京。到了一九四九年，中共政權正式建立，北京又是首都了。改革開放後，北京更是經濟發展中心。二〇一四年的北京城，人口約有兩千一百萬，拉近臺灣總人口。

旅行到北京看啥？

北京氣勢恢宏的皇室建築、庭園特別多，到北京就該去看看紫禁城　天壇、頤和園、圓明園遺址、北海公園、西山風景區、長城等文化遺產。

不過，先提醒看官們，這些文化遺產公園，都是北京的搖錢樹，門票不便宜。而且，往往規劃成園中有園，因此收費時，也就票中有票。譬如說，進去圓明園一張票，到了斷垣殘壁的西洋景，圈起來再收一張票。上天壇，進祈年殿收門票，到了回音壁，不想碰壁而回的，只好又買一張票。在頤和園裡，萬壽堂收票，諧趣園又收票。買了門票進紫禁城，裡面好幾個地方都還要收票。感覺像搶錢，心裡不舒服，有時都鬧得遊客生氣，掃興而歸。去逛之前，先有些心理建設為好。

此外，到北京該好好觀察一下首都人民的人文環境，除了豐富有趣，北京的人文環境會影響那些當官當權哥兒們的思想行為。因為，人的思想行為都受外界視覺、聽覺傳達的訊息所影響。因此，好好了解一下北京的人文氛圍，比較好揣摩中國政治經濟變動的方向。

北京人出身

說說北京人吧！北京的百年歷史上，自一九〇〇年八國聯軍後算起，雖說中國戰禍連年，北京卻幾乎很少遭殃，不像南京發生過大屠殺。大屠殺發生時，根據歷史經驗，城裡居民生靈塗炭，城外農民可能就雞犬升天了。為什麼呢？因為屠殺過後，城裡人口大減，以前要進城裡住不容易，這下城外農民撿到機會，可以進城當市民了。當然，從此城裡居民的面相就會大不一樣。

北京曾經發生過皇室慘劇。明朝末年，闖王李自成攻破北京，崇禎皇帝在紫禁城南邊、五十公尺高的人造假山景山山頭上吊。李闖對朱明宗室的屠戮相當慘，朱氏血統在北京幾乎一掃而空。

到了清朝末年，北京在一九〇〇年八國聯軍的兵禍後，歷經清王朝滅亡、軍閥混戰、國民政府戰敗遷往臺灣，很幸運的，今日北京有一百一十五年沒有經過大型戰禍。所以，北京市內的居民沒有遭到屠戮、沒有流離失所，也就沒有太大的變動。至於北京人的出身，都是些什麼人住在北京呢？

第一，北京長期是政治中心，各地菁英來此當官的特別多，包括一九四九年的改朝換代，中共黨、政、軍人員進京當官的，很多就不回原籍了，子孫們便在北京安家落戶下來。

二是，以前滿清貴族的皇子皇孫特多。以前的八旗子弟、親王、貝勒、格格，都是免費吃皇糧，子孫自然繁衍綿延眾多。比如說，臺灣名人金溥聰先生，原名愛新覺羅．溥聰，祖上就是北京的滿族子弟。

第三，則是因應都市經濟發展需要移民進城的。早些年是以北京周邊各縣裡的升斗小民為主，進城擔任各種勞動工作。到了一九七九年改革開放後，更多的外地人來了，來自全國各地的民工與企業所需的人才匯聚北京，長住外來人口達到百分之三十七，超過北京總人口的三分之一。如今的北京人，就是以上三種人的綜合體。

就久居北京的本地戶口北京人來說，個性上——自古燕趙男兒本多慷慨悲歌之士，北京這一方水土養的一方人，很多是人高馬大，個性豪爽，路見不平喜歡仗義直言的漢子。從另一方面來說，北京人又受官僚文化薰染，說起話來官腔官調，能言善道，詞鋒犀利還帶點兒油嘴滑舌，無論如何，北京文風鼎盛是公認的不爭事實。

接觸多了後，對北京人的感覺是確實有文化，也相當關心政治；想賺錢，但不像南方人那麼敢冒風險；好面子，即使人窮，也要搞點文化，輸人不輸陣；樂觀中帶點天真，但又缺乏銳氣。基本上，北京人是善良公義、坦率大度的，但骨子裡總覺得北京是首都，下意識的帶股傲氣。

老照片說話

看看老北京的照片吧！

一八七一年，北京的前門大街。當時已經很熱鬧，商鋪林立，用騾馬車運貨，街上車水馬龍。

北京東直門外的護城河，攝於一八九五年，當時河水還很清。一九二〇年代後，護城河逐漸變成臭水溝，也漸漸乾涸。到了二十一世紀，已經完全填平，變成林蔭大道。

一九〇一年的午門與前廣場。當時八國聯軍攻占北京，照片中洋大兵持槍列隊路旁，路中有洋大人攜女眷巡視，好不威風。

說歷史，凌遲、活剮

民間傳說午門是個殺人砍頭的場所，實際上，北京南邊的菜市口，那才是個展示「生人活剮」的地方。

任何政權，都是具有暴力本質。政權維持，都要靠軍隊、警察、法官、監獄、行刑隊撐腰，無一例外。中國清朝末年以前，有所謂「剮刑」、「凌遲」，把人公開、展示性的割刮數千刀慢慢殺死。殘酷的程度，使得爬到刑場附近民房屋頂上、觀看行刑的洋人，都嚇得從屋頂上摔下來。北方婦女罵負心人「你這個殺千刀的」，典故就來自於此。

官府為什麼不把人直接在牢裡殺死？而要大費周章的公開展示活剮？目的就是要嚇唬老百姓，使之不敢反抗。中國最後被剮之人，應該是蔣經國先生的媳婦徐乃錦的祖父徐錫麟。徐錫麟是革命烈士，刺殺安徽巡撫恩銘，於一九〇七年被剮。真是「捨得一身剮」，也要推翻暴政，膽色之壯，令後人由衷敬佩。

清朝末年相當腐敗，一八九五年，慈禧太后挪用海軍經費修頤和園，大清北洋海軍在中日甲午戰爭中全軍覆沒後，受到輿論批評；令人想不透的是，又在一九〇〇年挑戰八國聯軍，單挑都打不過，還想一對八？橫挑強樑的結果，就是逃到西安避難，一走了之。戰爭打完了再回來，由老百姓的民脂民膏賠洋人白銀四億五千萬兩。結果也就是，丟掉祖先基業，清王朝十年後（一九一一年）滅亡。此後中國內戰頻仍，生靈塗炭，混亂了幾十年，一直到一九四九年才安定下來。

一九二〇年，天壇祈年殿，本是明清皇帝告天的祭壇，一九一八年改成公園，正式對一般民眾開放。

一九〇一年的大清門。慈禧太后戰後回鑾的隊伍正通過大清門。

一九一〇年代的北京前門（今天安門廣場南側），此時民國已成立，正邁向現代化國家，電車與電線杆都已出現。

北京人說話

雖說普通話是以北京腔調為底子的，但北京人講話用字的這些俗俚語，外地人心裡得經過一番琢磨，還不見得能懂。譬如，北京人說「打價」是討價還價之意，「辛人」則是「坑人」，「沒轍」是沒辦法了，「砸鍋」是搞砸事情，「不著調」是辦事沒有把握，這些都比較簡單能聽言生義。難的像「殺口」（味道），「帶手兒」（不愛回家）等外地人就不好懂了。

北京人生活的節奏

觀察北京人生活的節奏，一來表現在上下班尖峰時刻。人們總是腳步匆匆，看看擁擠的公車、地鐵，還有十字路口紅綠燈下車輛擺開的一字長蛇陣，北京就是一個如假包換的，繁榮忙碌的國際大都市。

北京人生活的節奏，另一個面相表現在清晨公園裡緩緩的太極拳、黃昏胡同裡的老人棋局、夏夜裡啤酒攤上燒烤的香味、三五好友哈啦的喧囂，同時也表現了北京的悠閒。

北京城市建設快速改變了都市天際線，胡同大片大片消失，北京民宅區幾年不見變了個樣，就是老北京也常找不到路。萬棟高樓從地拔起，房價也一個勁的往上漲。

雖然官方的宣傳，一直竭力透過教育、媒體來維持社會主義中國的意識形態，但新一代的北京人還是漸漸西化了。

老北京人剃頭

在二十一世紀的北京街頭，還有剃頭擔子。看老北京人剃頭，覺得新鮮。以前臺灣剪個髮要兩、三百臺幣起跳，現在臺灣人薪資十多年不上漲，「百元快剪」應運而生，比以往便宜許多。中國北京「剃頭」要多少錢？雖然近年來北京物價上漲快速，路邊剃個頭也就二至四人民幣，十年前的話，僅需一人民幣，不過是光頭或三分頭，談不上造型。

說歷史，剃頭、砍頭

滿清順治元年（一六四四年），攝政王多爾袞在北京下令，要漢人薙髮改易滿州服式「留髮不留頭，留頭不留髮」。漢民們群起抗爭，犧牲了不少人。結果是血淋淋的人頭裝在籠子裡，吊在街頭公開示眾。後來民眾覺得沒必要跟自己的腦袋過不去，開始剃頭，街上就出現了剃頭擔子，此為剃頭的濫觴。

十九世紀中國到美國打工的華工，看人要剪他的辮子，呼天搶地痛不欲生，怕對不起祖宗。不知道祖宗剃頭留辮子，是被人拿刀子逼的。

對剃頭最反感的，應該非一八五三年建立太平天國的洪秀全莫屬了。他本是廣西的客家人，去考滿清的秀才，屢試屢敗，最後索性信上帝去了。太平軍起義反清殺滿州人，滿人一律稱為「滿妖」。另一方面，可能為了補償自己剃頭多年「心中的不爽」，太平軍留起了美國六〇年代嬉皮式的長髮，所以又叫「長毛」、「髮匪」。不過行軍打仗很難洗頭洗澡，衛生條件不好，身上頭蝨跳蚤應該不少。

最妙的是，洪秀全篤信上帝，居然自稱是上帝的兒子、耶穌的弟弟。天國的信眾周日不作禮拜者，都要判死刑。搞得不中不西、不倫不類，連洋人基督徒都反對他，最終結果是「以信教起家，以迷信敗亡」。太平天國敗亡，中國人就繼續剃頭，到一九一一年，中華民國建立，雖然不再強迫剃頭，但民眾已經剃成習慣了，就一直剃到今天。

北京天氣

北京的天氣，是夏冬長而春秋短。

到北京，要特別小心北京的冬天。冬天長達五個月，動不動攝氏零下十幾度，南方人通常不適應，有心血管疾病者容易發病。蔣介石的孫子章孝慈，就是冬天到北京，突然中風去世。所以，有慢性病在身的遊客一定要小心。

一般在室內，冬天有公共暖氣供應，室溫能達到攝氏十八度上下，比南方還暖和，不過戶外經常冰天雪地。因為冬天冷，北京的樓房，外牆比臺灣要厚一倍。為了抵禦寒氣，約有四十五至五十公分厚。

到北京，最好的季節是春末（五月）與夏秋之際（九月），好天氣的時候，碧空如洗，天色湛藍，很美。來到郊區，東南邊是無垠平原，令人心曠神怡的麥田景色；西南邊則峰巒起伏，山色秀麗，有八大關景區與香山公園，爬爬五、六百公尺的小山很不錯。

北京盛夏的六、七、八月，馬路都熱得流油，柏油彷彿要融化了。經常能看見的街上奇觀是，一堆打著赤膊、露著肚臍眼兒、光著膀子的哥們爺們，就在熙來攘往的街上閒晃。乍看之下，覺得北京人粗魯無禮，但如果跟打赤膊的人聊上幾句，聽對方用京片子來一段咬文嚼字，又覺得北京還是有點文化。

北京的兩害，空氣與交通

二〇一四年的北京，空氣與交通問題嚴重影響當地生活品質。

北京空氣

二〇一四年，北京一年大約有五分之一的日子屬於霧霾天氣，沙塵暴集中在春初（三月至四月），桑拿天（氣溫攝氏三十二度以上，溼度百分之六十）則是仲夏天（七月至八月）多，碰上了都不好受，能避則避之。

在春初，北京「砂塵暴＋霧霾天氣」屢見不鮮。這時候，在北京騎自行車，有人會戴上防毒面具，最起碼得戴上防霾口罩。這跟臺北秋冬到春初，東北季風帶來的陰雨連綿，一樣惱人，都危害人體健康。北京的霧霾天氣中，看不到陽光，空氣品質差，呼吸道遭罪；臺北連續幾個月的陰溼天氣裡，一樣看不到陽光，鼻病特多，容易感冒，有些體質弱的老人可能就一病不起。

北京交通

塞車問題大，一堵幾百公尺司空見慣，首都又稱「首堵」。北京自古的都市設計以紫禁城為中心，道路走棋盤式，如今再加上環線道路，越是內環就越擁擠。偏偏重要機構、企業大多在三環內，造成堵起來動彈不得。官方的解決辦法就是廣建地鐵，二〇一三年五月，北京有地鐵路線十七條，車站兩百七十座，共計四百五十六公里，而且還在繼續建造中，驚人吧？搭地鐵確實不堵，十公里路十五分鐘能到，若自己開車，碰上塞車一小時還到不了。

北京地鐵費用比起臺北，簡直便宜得不像話，不管搭多遠搭多久，最多兩人民幣（約十臺幣。二〇一五年起，北京地鐵收費改制，漲價了）。但是地鐵有一千萬人在用，上下班時刻，地鐵站能擠得水洩不通，人無寸瓦之地可以容身。曾經歷連續五班車都是客滿不停的紀錄，所以若能避免最好不要尖峰時間去擠地鐵。

北京市政府想讓大家多搭地鐵，少開車，減少道路使用壅塞情形。但是，地鐵並不能取代私家小汽車，因為感覺不一樣。譬如說，接女朋友去約會，會想擠地鐵嗎？接客戶去應酬，會想擠地鐵嗎？這麼做女朋友、客戶應該很快就跑了。因此，自行開車、搭計程車的人還是很多，路上照樣塞。

不搭地鐵，在上下班時間改搭公車或計程車？公車是一樣的塞，而計程車恐怕攔不到，攔到了也是塞。最快的方式，還是騎電動車。如果體力許可，騎自行車更好。因為公車要停靠站，所以騎自行車就比公車快，況且騎自行車屁股還有個小位子可坐，公車上往往沒位子，一塞車，站一個鐘頭是常有的事，更累人！

下雨的時候，北京有賣一種擋雨鋪蓋，套在頭上往自行車前一搭，騎起來幾乎淋不到雨。因為北京以前是自行車王國，各種設備應運而生，修車打氣的小鋪到處都是，騎自行車很方便，最主要是好控制時間，不讓塞車礙了事。而且，身體鍛鍊好了，常騎車，高血壓心臟病少，健康無價買不來的。

家居生活、交通、自行車

北京天際線，由大樓上看南三環一帶

雖說只準備到北京住上三個月，但麻雀雖小，五臟要俱全。生活該有該用的，一樣也不能少，因此家裡從鍋碗瓢盆，到床單被褥，樣樣齊備。外帶買了兩部二手自行車（在北京，最好買二手的，到處有在賣，畢竟新車容易弄丟）。

從春天到秋末，自行車在北京非常好用，主要是不塞車、好停車，搭配上公車、地鐵、計程車，交通基本上算解決。

北京許多新的小住宅區居家環境不差，像我住的紅蓮南里，社區對面就是傳統市場，購物方便，本身也規劃得花草扶疏、整齊乾淨。

Taxi（的士）

北京的交通塞得很，尖峰時間打的士（搭計程車）不容易，開車師傅拒載的情形很常見。這也是中國大城市共有的現象，不像臺北叫計程車那麼招手即來。

另一方面，與開車師傅聊天，可以深入觀察北京社會。北京人特能侃大山（聊天說地），侃爺多，能聊也喜歡聊。上知天文下知地理，全都懂一點。尤其，因為司機與乘客互不相識、素昧平生，下車後就各奔前程，所以聊起天來往往是直言無隱、百無禁忌。因此，與計程車師傅的一番話，可以當作「民情風向球」，讓遊客體會當前勞動階層的民意，這點是在媒體、報紙上看不到的。

自行車

在北京使用自行車的基本原則是「車不在新，能走則靈」。新車容易掉（聽內行人說，北京人均丟車率三輛）。賊不要舊車，因此自行車以好騎好用為重點，新車麻煩多。

到社區後面，三路居路的舊貨市場買二手自行車，看中一部深綠色骨架規規矩矩的城市車，前面有籃子可以放東西，後面有貨架可以兼載人（中國自行車可以載人帶貨）。問老闆：「這車好不好騎？」老闆回答：「上海名牌車，你說好不好騎？」「多少錢？」「一百五十塊。」「開發票嗎？（怕買到贓車）」「行！給你個收據。」

買了這車後覺得還真不錯，隨我走遍北京大街小巷，又帶東西又載人，從來沒出過毛病。性能雖然比不上現在臺北正夯的U-Bike，但是，雖不中亦不遠矣！離開北京時，又以一百塊賣還給老闆。

在炎炎夏夜裡，常常騎著這部自行車到社區南邊不遠、人聲鼎沸的夜市去吃消夜。藉著昏黃

北京地鐵

的燈光，迎著涼風，醺醺然的穿街走巷，越過一條又一條的胡同，一圍又一圍的四合院，好像回到五〇年代，那種既懷舊又單純的氣氛，渲染著周遭的一切。就在北京這塊風水寶地裡，感覺好像向上傳承了悠悠歷史，向下延續了亙古風情。有時三杯啤酒下肚，天上的月光，隱隱約約映出人眼中的星光、臉上的酡紅，真是好一番閒情逸致啊！

不過，後來回想，不值得效法。這不是「單車雙載＋酒駕」嗎？騎自行車還是要注意安全第一。

私家車

北京車滿為患，尖峰時間塞車嚴重。雖然行車、停車都難，二〇一三年，中國汽車銷售成長率世界第一，買私家車的還是多。

主因一是，公共運輸還是無法取代私家車的一些功能；二是，大家口袋深了，總要表現一下，錦衣夜行多不是滋味！

北京地鐵

用兩段話形容——優點是四通八達，而且非常便宜（兩人民幣吃到飽。二〇一五年起，北京地鐵收費改制，漲價了）；缺點是上下班時段太擠，曾經有連續五班車都客滿不停的紀錄。

北京城景點留影

頤和園

來到頤和園昆明湖畔的玉帶橋，只見湖面如明鏡，拱橋落彩虹。憶起此園的斑斑歷史，內心頗有感觸。都說當年清王朝的慈禧太后動用了海軍軍費修建頤和園，導致在一八九五年的甲午戰爭中敗給了新興的日本。那麼，不修建頤和園，清王朝能打贏日本嗎？當年不光是海軍，清王朝陸軍也是大敗，這又該怎麼說？

十九世紀末，清王朝這棵大樹，已經從根部腐朽，開國時鐵馬金戈的滿州戰士，已經變成提著鳥籠、泡茶館的公子哥兒們，以維護既得利益優先，改革是能拖就拖。而漢人大臣，多數為對滿族卑躬屈膝之輩，作為有限。不像日本，上上下下兢兢業業，馬力全開的邁向現代化強國。此後一百年，此消彼長，勝負已定。

參觀圓明園西洋景的斷垣殘壁，看到遊客們嬉笑怒罵，拍照留念。似乎沒有幾個人嚴肅悼念英法聯軍火燒圓明園的國恥。

1 北京頤和園一景　2 北京頤和園昆明湖　3 北京頤和園運河一景　4 北京天安門，屬於紫禁城景區的一部分，是到北京的必遊之地　5 北京天安門夜景　6 北京天安門廣場上的毛澤東紀念堂　7 北京正陽門

2

1

5

4

7

3

6

9

8

1 北京天壇　2 北京鐘樓　3 北京護城河一景　4 北京紫禁城內的皇帝寶座　5 北京紫禁城午門　6 乘坐纜車上山　7 從北京景山上看紫禁城　8 從香山公園鳥瞰北京市　9 從景山上看紫禁城

盧溝橋

盧溝橋

盧溝橋，一九三七年在此爆發了中日七七事變，其後是八年的中日戰爭，此橋因此知名，卻很少人注意此橋是一一八九年金朝時建造的古蹟。

眼見一幕鬧劇，北邊橋頭賣古董（無疑是假貨）的女小販，與一位女遊客吵起來。因為女遊客又看又問半天卻不買，雙方互罵「傻B」（傻子、呆子之意），拉拉扯扯，要不是有人阻止，差點就打起來。

覺得北方女人大膽直接，敢在小診所開刀動美容手術。看到一些中年女性拉過皮、打過酒窩、割雙眼皮，弄得臉上表情僵硬很不自然，還不如不做。又見過年紀輕輕的女孩，在地鐵站裡，敢主動向陌生英俊男士搭訕，要求做朋友，南方女性相形之下就顯得比較含蓄。

西單商場

經內行人指點，西單是個逛街購物的好地方。貨色齊全，價格平實，而且附近有地鐵，交通方便。西單商場內多是以攤位方式經營，購物人潮洶湧，買東

北京動物園

北京電視塔

俄羅斯展覽館

西時還是要多注意。再者，商場內人才輩出，很多攤主都不是簡單人物，有著身兼影帝、影后的本事。曾經見過一幕，一名女客人問價：「師傅，這鞋多少錢？」攤主回答：「實在價，一百五！」女客人低頭看看貨努努嘴說：「五十！」（我在一旁心想，妳這價未免殺得太狠了點）果然攤主霍的一聲，拍桌大怒，手一指，聲量提高八度：「妳說多少？」女客人說：「不賣就算了。」扭頭就往外走，攤主又喊：「回來，賣了！」

逛完了西單商場，到了用餐時間，北京電視塔上面有個旋轉餐廳，決定到那兒吃頓飯。當天天氣晴，視野甚廣，我們在上頭用餐，居高臨下，鳥瞰北京的首都市容，類似在臺北的 101 大樓上看臺北。不過，餐點真不怎麼樣，根本沒吃飽就下來了。

北京動物園

慕名到北京動物園看貓熊，多半要大失所望。因為，貓熊好像很久沒洗澡，髒兮兮的，黑白不分明，不如想像中那麼可愛。

動物園旁是俄羅斯展覽館，後面有間著名的羅宋餐廳，喜歡俄式料理的朋友可以一試。

北京王府井大街

北京王府井

北京著名商場

北京還有些著名商場，如賽特、王府井。

◈**賽特商場：**在市中心，是個大型綜合商場百貨公司，也是北京年輕人去跳舞、購物、聚會、購買流行商品之地。

◈**王府井：**是清代以來北京傳統的購物大街。用一句話形容——北京人現在不上王府井逛，都是外地人、觀光客去，已經成了觀光勝地。

特色吃食

東來順的涮羊肉

東來順的火鍋，推薦要吃。羊肉細嫩無腥羶味，涮過後，配上火鍋醬料，真是人間美味，還能壯陽滋陰。涮羊肉附有一些小菜、燒餅之類搭配，相得益彰。價格也很合理，裝潢與服務都算比較好，難怪在北京聞名。

料理北京烤鴨

北京烤鴨

前門外八大胡同一帶有眾多店家，西大街上知名的北京烤鴨全聚德即在此地。

猜猜中國領導人國宴請美國總統吃飯，有多少道菜？答案是四菜一湯（不會吧！臺灣小公司尾牙都上十六道菜了），不要懷疑，這是中國黨政機關的宴請標準，而其中一道菜就是北京烤鴨。

我們慕名去光顧了一回，烤鴨酥黃剔透，但配套的麵餅、麵醬、大蔥則一般。我們吃得齒頰留香、嘴角流油，因為不喜歡油膩，也就覺得還好。買單時感覺挺貴，吃一回嘗嘗鮮就夠了，下不為例。

INFO

北京東來順
東來順在北京有好幾家分店，我們去的是：
地址：王府井大街 198 號
電話：86-10-65139661

北京全聚德烤鴨店
全聚德在北京更多分店，我們去的是：
地址：前門西大街 14 號
電話：86-10-63023026

豆汁

這裡要特別介紹一下北京知名的「豆汁」。豆汁絕對不是臺灣的豆漿，如果這樣想，就天差地遠了。

我們到長椿街的「京味館」喝道地的北京豆汁。感覺是，這滋味一般外地人是喝不來的，北京人自己留著用就行了。

究竟是什麼滋味呢？豆汁既酸又帶一點臭。這種臭味很難形容，臺灣的臭豆腐，吃習慣的人一點也不覺得臭，雖然兩種臭味不一樣，但有異曲同工之妙，就是不臭還不行，要臭，當地內行人喝得才夠味。只能說不同的逐臭之夫，愛不同的臭，各有其臭而各有所好。

豆汁是綠豆做的，先加水磨成綠豆漿，放在水缸內發酵，下面是豆渣，上面就是豆汁了，看起來灰灰綠綠的。北京名吃豆汁，臺灣人喝下去，心頭可能要納悶：「這是屎，還是餿水啊？」儘管如此，還不能說難喝，怕傷了主人的心意。只能說味道有那麼點「怪」，主人說：「那再來一碗？」臺灣人聞聲趕緊作態，先打個飽嗝，擺擺手回應：「謝謝不用了。」想像不到的是，有很多人喝豆汁還喝上癮。喝豆汁有講究，一般要配上鹹菜、小油條。

北京還有些知名小吃——糖耳朵、驢打滾、艾窩窩、龍鬚酥、開口笑、天津麻花，小吃的物價與臺北差不多。

回族人的飲食店

北京回族人口密度高，到處都是清真餐廳。以牛街一帶最為集中，回族人餐廳不賣豬肉，凡雜食性與肉食性動物的肉都不賣，所以狗肉、驢肉都不行，酒也不行，只賣草食性動物、魚類、雞鴨禽類、麵食等。回族餐廳經常高朋滿座，生意興隆，因為衛生乾淨，餐點味美。再者，回族的燒烤出了名，漢族做的比不上。

驢肉

所謂「天上龍肉．地上驢肉」。都說驢肉細緻美味，在北京，以河間驢肉出名。看驢子長得可愛，又傻又溫馴，不忍心吃牠。一次基於好奇，想嘗嘗味道，回去就拉肚子。

第五章

東北地區：往遼寧、吉林、黑龍江

六月仲夏之旅

您知道東北人在歷史上是中國人、日本人、蒙古人，甚至中亞人的祖先嗎？

歷史如假包換，這群生長在白山黑水的英雄好漢，在各個朝代，東攻西討、南征北戰，征服了廣大疆域，接下來的東北遊，就帶大家了解今日的東北吧！

東北有三個省（遼寧、吉林、黑龍江），但是東北人喜歡說「我東北的」，而不說是哪個省的。東北這麼大個地方，具有整體性，應該是在民國初年軍閥張作霖統治東三省時代，已經形成的地域意識。

二〇一四年，東北約有一點二億人口，面積一百二十六萬平方公里，約是臺灣的三十五倍大。在南方的熱鬧城市裡，譬如說廣東的珠海吧！經常見到塊頭大、脖子有南方人兩倍粗的東北漢子。東北爺們在工廠裡上班當民工的少，混黑社會的比例則相當高。東北妹子長相標緻，在特種行業裡很吃香，東北洗浴全國知名，巷子裡面的多有耳聞。

不過，這幫不辭千里到南方淘金的東北哥們姐們，跟廣大的東北尋常老百姓相比，為人處事上當然不能相提並論。

此次乘火車到東北旅遊訪友，是以南京當起點與終點往返東北。

坐火車到東北，從山東開始，窗外就是驛馬平川，大平原風光。出了山海關後，東北的平原上，大片大片一眼望不盡的農地。農作物高低起伏，有高粱、小米、麥子、玉米，在夏季是綠意盎然，葉片隨風搖曳，綿延到天邊。

火車行程，如左表：

火車車次	起迄站	時間	票價	備註
T72 快車	南京→長春	16:54 ～（次日）12:09	硬臥 403 元	2014 年資料（人民幣）
動車一天46班次	長春→吉林	40 ～ 50 分鐘	二等座 31 元	同前
D1384 動車	吉林→哈爾濱	07:25 ～ 09:47	二等座 105 元	同前
D1310 動車	哈爾濱→瀋陽	09:48 ～ 12:59	二等座 166 元	同前
D8002 動車	瀋陽→大連	09:08 ～ 11:33	二等座 120 元	同前
T131 快車	大連→南京	12:20 ～（次日）09:22	硬臥 383 元	同前

1. 第一站是吉林省會長春，搭上海開來的快車 T72（此列車也到遼寧省會瀋陽、黑龍江省會哈爾濱），16:54 開 ～次日 12:09 到達長春，硬臥鋪四百零三人民幣，車程約十九小時十五分鐘。
2. 第二站到吉林，由長春到吉林很近，一天有四十六趟車，動車二等座三十一人民幣，車程約四十至五十分鐘。
3. 第三站到哈爾濱，由吉林站到哈爾濱西站（是個高鐵／動車站，距離哈爾濱站有七點二公里遠），搭動車 D1384，07:25 ～ 09:47，二等座一百零五人民幣，車程約兩小時二十分鐘。哈爾濱到南京，搭快車T 74，08:53 出發～第二天 06:21 到南京，硬臥鋪四百二十九人民幣，車程約二十一小時二十八分鐘。

4. 第四站瀋陽，哈爾濱南下瀋陽，一天有七十五班列車，搭動車 D1310，09:48 ～ 12:59，由哈爾濱西站到瀋陽北站（離瀋陽站約五公里，通地鐵，搭地鐵 2 號線轉 1 號線可達），二等座一百六十六人民幣，車程約三小時十分鐘；如果想搭快車硬臥鋪一百三十八人民幣，車程約六小時三十分鐘。

5. 第五站大連，瀋陽到大連一天來回有五十八班列車，搭動車 D8002（瀋陽 →大連，09:08 ～ 11:33），二等座一百二十人民幣，車程約兩小時二十分鐘，也開快車，就是時間要花五個多小時。最後由大連搭快車 T131 回到南京，12:20 ～ 次日 09:22，硬臥三百八十三人民幣，車程約二十一小時。

要注意的是，搭高鐵／動車時，發車車站往往在郊區，如果住得比較遠，或是碰到市區內塞車、叫不到計程車，就可能趕不上車。因此，一定要提早出發。住的酒店不要離高鐵站太遠，叫計程車要方便。

還有就是，不要以為中國火車都能準點發車，誤點事件層出不窮，不過近幾年鐵路管理逐漸上軌道，誤點較少，也不嚴重了。其中高鐵／動車的誤點要比快車來得少些。

東北人，血緣通四海

東北人的血緣，包括有：漢族、滿族、朝鮮族、日本族、俄羅斯族。

東北又是怎麼成為中國疆土的呢？東北在清代以前是很少有漢人居住的化外之地（這點跟臺灣很像了，是不？），當時東北居民主要是滿州人、朝鮮人，沒什麼漢人。

東北地區清代稱為「關東」，位於山海關以東，也叫關外。東北是滿清「龍興」之地，滿州人的老家，在清代中葉以前，滿清朝廷不放心漢人移民，禁止漢人進入東北，東北相對內地就顯得地廣人稀，人煙稀少。但是，南邊漢人不來，北邊俄羅斯人倒是來了，為了防備俄國人，在一八六〇年後逐漸開放漢人「移民實邊」。河北、山東、河南等省分大批中、下階層農民就開始「闖關東」，在這裡實在不能不佩服漢人們的生育能力，到了二十世紀，民國以後，漢人的數量不但大大超過原住民滿州人，也遠遠超過幾乎同時移入東北的俄羅斯、日本及朝鮮人，如今東北一點二億人口中，百分之九十以上是漢族，滿族人口約七百萬，占百分之五點八。

這些長得方頭寬臉平鼻子的東北原住民不簡單，是日本、中國、蒙古，以及中亞諸國人的祖宗呢！人類學上統稱蒙古人種（東北人後代成吉思汗在蒙古出了名），中世紀時曾經西征到歐洲去，把當地民族打得落花流水，統治當地數百年，中亞人與東歐洋人可忌憚東北了！而日本當代主流學者江上波夫則認定，日本天皇與大和民族都是第三世紀征服日本的東北人後裔。在中國，東北民族更是在好幾個朝代征服中國，並且統治之，如晉代（滅西晉後，東北鮮卑族統一北方）、宋代（滅北宋後，東北女真族統治北方）、明代（滅明後，東北滿族建立大清朝）。

看看歷史，很奇怪，為什麼歷史上就從來沒有南方民族能夠征服東北，只有東北民族能征服南方呢？當然東北人強健驃悍是個原因，但主要是天氣的關係，南方的民族若想攻打東北，最大敵人將是東北的冬天，歷史的血跡斑斑，我們看到拿破崙征俄、希特勒攻俄，冬天一到，都是下場淒涼；零下三、四十度的氣溫，南方民族不用打都先敗了，敗給大自然。

與東北人拚酒，您玩命？

東北人喝酒，男女都有股狠勁，不要命的喝是死要面子活受罪。

話說東北妹子們招待我們吃飯，剛上菜，坐我邊上的東北妹夫（長的胖胖敦敦的，非常熱情）開腔了：「哥（叫我叔叔比較適合），我從小就聽說臺灣有阿里山、日月潭，那多麼美啊！來，我先敬你一杯。」於是乎只好乾一杯。

「哥，下回我到臺灣，你一定得領我到阿里山、日月潭；哥，我先謝謝你了，哥我先乾為敬！」又來一杯，已經有幾分醉意。

「哥，來！我給你滿上，阿里山、日月潭，我先乾了！」

我暗想，光是阿里山、日月潭就得喝三大杯，往下喝到墾丁國家公園還得了，不出人命才怪！

接著妹子們上場了：「哥，我們女流之輩，酒量不好，你多擔待點，哥我先乾為敬。」幾個女流之輩的眼睛都盯著瞧，只好喝了。

總之不灌倒你就不夠熱情，幸好在座有陪著去的東北人擋酒，但也喝得面紅耳赤，步履不穩的出來。只能奉勸看官們少跟東北人喝酒，不要命的喝法，容易出事！

又聽當地臺商談起，東北洗浴，是中國洗浴的發源地，然後才在廣東東莞發揚光大，澳門開花結果。東北姑娘觀念開放，花樣多，敢作敢為，只要想得出來，姑娘們都敢陪你玩，關鍵是白花花的銀子得往外撒，這個巷子裡面的百萬臺商多半心知肚明。

長春與滿州國

話說火車第一站到了吉林省會長春，到長春就該到新民大街走走。這條筆直的綠蔭大道，北邊是文化廣場，南端是南湖公園，冬天湖面會結冰，經常舉辦冰上活動，熱鬧得很。特別的是，這條街讓人回顧近代中國與日本，滿州彼此糾結的歷史關係。滿州國（一九三二年至一九四五年）的首都就是長春，它的國務院與八大部會建築都在這條街附近。這些政府建築物看來都有點臺灣總統府的味道，因為都是當年日本人幫忙設計建造，日本關東軍司令部遺址就在北邊人民大街上，事情就可想而知。

一九三一年日本關東軍發動九一八事變，占領東北，要怎麼名正言順的長期控制東北呢？此時，已經退位二十年的前清宣統皇帝溥儀，想回到祖宗發跡的東北建立滿州國。但是，一來沒有軍事實力，二來東北的漢族人口已經遠遠超過滿族人口了。今非昔比，只有利用日本，雙方各有所圖，立刻一拍即合。

日本是那麼好利用的嗎？電影《末代皇帝》，描述這位滿州國皇帝，不甘心當日本傀儡，卻又無可奈何，過了悲慘的一生。

而遷居到東北殖民的日本老百姓，在二戰日本投降後，因為東北百姓的報復，下場也是悲慘。只能說歷史的恩恩怨怨，大家記取教訓，能化干戈為玉帛最好。

東北特色餐，您敢吃不？

一是「蠶蛹」，好奇的人可以嘗試吃這個。到了東北學人吃蠶蛹（就是蠶繭裡的蛹，抽絲剝繭後留下來的），年輕時在部隊演習時，捱過幾天吃餿水的經驗，如今除了有毒有害的不吃，其他沒什麼不敢吃，經朋友介紹吃過幾次蠶蛹。蠶蛹油炸後味道香酥，裡面軟綿綿，說是高蛋白質特別地補。但是，有次看到過期蠶蛹破了一個洞，出來了一隻長著翅膀會飛的蛾，覺得噁心，之後就不吃了。

二是，到了東北先來碗冷麵吧！冷麵又叫朝鮮冷麵，在東北很受歡迎。是一種可帶湯或乾吃的涼麵，放很多配料，如芝麻、肉片、紅腸、黃瓜、泡菜、番茄、雞蛋，依個人喜好可以多放，加入醬油、糖、醋、鹽攪拌而食。冷麵是種平民化的食物，一碗十人民幣上下，吃了挺開胃，清

大眾化的冷麵

爽不膩，建議來東北該嘗嘗道地的冷麵。朝鮮族老闆外表長得跟一般東北人沒什麼兩樣，店裡比較乾淨，朝鮮族喜愛乾淨。跟他聊了一下，一口標準普通話，口口聲聲自稱也是中華民族，政府的愛國教育算是成功！

來長春建議住快捷酒店（如家，長春火車站店），每晚一百九十人民幣，早餐每人十五人民幣，主要是方便第二天搭火車到吉林。

吉林市觀賞「二人轉」

第二站到吉林，由長春到吉林很近，一天有四十六趟車，動車二等座三十一人民幣，車程約四十至五十分鐘。

我們就住在吉林松花江邊上的酒店，靠近天主教堂，松花江風景一覽無遺。一早去松花江邊溜溜，吉林大橋上人車擁擠不堪，塵土滿天。急忙下橋，一看邊上就是教堂，走到教堂門口被人叫進去親近上帝。幾位中年婦女，態度非常和藹可親，熱情招呼我進教堂，恭敬不如從命，就進去參觀了。個人經驗是，走遍世界，教會總是帶給人一種安全、溫暖、友善的感覺，旅途中不妨走走教會祈求平安吧！

當地友人說，吉林冬天松花江邊的霧淞（一種霜降現象）絕美。建議我們冬天一定要來看看，但是一想到零下三、四十度的氣溫，比家裡冰箱冷凍庫還冷，興趣就不大。

晚上到當地劇院去看了東北的「二人轉」，八點這一場人潮洶湧、高朋滿座，隨著表演進行整場觀眾笑聲、掌聲不斷，情緒非常高昂。我也覺得趣味橫生，值回票價（票價不便宜，每人七十人民幣）。「二人轉」說說唱唱有點類似「相聲」，但是臺詞葷腥不忌，常扯男女之事，道貌岸然的先生、女士不適合看。「二人轉」帶有動作，演員都是有功夫底子的。

中國中央電視臺的「春節聯歡晚會」（春晚節目），總有「二人轉」，知名演員小瀋陽、趙本山等都曾演出，一播「二人轉」，幾億人看了笑得合不攏嘴。臺灣人在東北看道地的二人轉，雖說講普通話，但有些東北土話不好懂，其中趣味不能百分百體會。

看完「二人轉」後，東北朋友提議要去喝酒吃燒烤，又是盛情難卻。在這種喝法之下，心裡打定主意，明天一定要早早「落跑」才行。

哈爾濱，俄羅斯風情城市

第三站到哈爾濱，由吉林站到哈爾濱西站（是個高鐵／動車站，距離哈爾濱站有七點二公里遠），搭動車 D1384，07:25～09:47，二等座一百零五人民幣，車程約兩小時二十分鐘。在火車上，一路上東北大媽、大嬸沒少看，都是敦厚和藹的相貌；老頭、老太爺也都是老實的外表，感覺得到北方人的樸實厚道；但年輕小伙子就不一定了，有的看起來衝勁十足，一副什麼事都敢幹的樣子。

哈爾濱是個充滿俄式風情的城市，基本上是俄國人所建立，從一八九八年建城到一九二六年為止，俄國人控有行政權。最熱鬧的中央大街，於一九二四年由俄國工程師設計完工，地上鋪了麵包石。到那兒去逛逛，滿街的俄式商店、旅館與俄國貨，當然也看到一堆俄國人，長相似乎比西歐洋人更白皙一點。

街上哈爾濱的姑娘個頭高、長得標緻白皙，男生很多也生得俊俏，混血混得很成功，說是漢人，但是跟日、俄、朝鮮、滿族的血統，論起八代族譜來，多少都沾了一點邊。

來哈爾濱建議住快捷酒店（如家，省政府海城街店），每晚一百八十人民幣，早餐每人十五人民幣。同樣是為了第二天去哈爾濱西站搭動車方便。住得遠了，若碰到交通打結，可能趕不上車。

瀋陽「風水」甲天下，滿清皇朝兩百六十八年

哈爾濱南下瀋陽，一天有七十五班列車，搭動車 D1310，09:48～12:59，由哈爾濱西站到瀋陽北站（離瀋陽站約五公里，通地鐵，搭地鐵2號線轉1號線可達），一等座一百六十六人民幣，車程約三小時十分鐘。

來到瀋陽投宿在火車站附近，又是為了第二天去大連搭火車方便。

到了遼寧省會瀋陽，此地是滿族大本營，清太祖努爾哈赤最早就建都於此，後來打下漢人江山才遷至北京去。遼寧省是滿族最多的省分，約有五百萬人。到了瀋陽街上，打身邊走過的，可別小看，可能就是位格格貝勒、落魄王孫也不一定。

相信風水的朋友，可以到市郊的清朝陵墓看看。搭公車就能到的景點，如昭陵（埋葬清太宗皇太極）、福陵（埋葬清太祖努爾哈赤）走一趟，好好看看，風水是不是左青龍右白虎？風水要是不好，後代子孫如何能開創清朝兩百六十八年的天下呢？

接著到瀋陽滿清故宮附近、風水差點的「大帥府」走走，大帥府是「東北王」張作霖、張學良父子的官邸，張氏父子統治東北近十六年（一九一五年至一九三一年），後來張作霖不幸被日本軍炸死在皇姑屯，兒子張學良又被國民政府軟禁長達五十三年（一九三七年至一九九〇年）之久，重獲自由時已是垂垂老矣。

大帥府裡有個趙四小姐樓，這裡有個浪漫的愛情故事，當初十七歲如花似玉的趙四小姐，為了愛不顧一切與有婦之夫張學良私奔，甚至與父親斷絕關係。兩人情投意合，終能比翼雙飛直到晚年。

少帥張學良也可算是「戰場失意，情場得意」，失之東隅而收之桑榆。

東北第一城「大連」，薄熙來書記

火車嘟嘟聲響起，離開瀋陽前往大連去了。

瀋陽到大連一天來回有五十八班列車，搭動車 D8002，瀋陽到大連，09:08～11:33，二等座一百二十人民幣，車程約兩小時二十分鐘，也可選擇快車，就是時間要五個多小時。

大連是一八九八年俄國人建立的港口都市，旁邊的旅順則成了俄國的軍港，到了一九〇五年日俄戰爭，俄國人敗了，大連、旅順都歸日本人統治，今日大連的古蹟建築物，有洋式的、有和式的，和洋雜處，就是這個原因。

如今大連的市容絕佳，湛藍大海邊配上乾淨整齊的高樓大廈，城裡綠意盎然，綠化達百分之四十以上。市區的景點，搭公車能到的，包括去濱海公路看看沙灘碧海藍天，或是到人氣最旺的中山廣場溜溜。街上的大連姑娘個個裝扮時髦，走路搖曳生姿，真是好一幅風景啊！

最大功臣應該是出身中共太子黨的薄熙來吧！在大連主持市政建設十年（一九九二年至二〇〇一年），任內大連變成東北最宜居住、經濟最發達的城市。市容變綠變新，市區變大，房價跟著漲了十倍多。二〇〇一年薄熙來調職的時候，大連市民蜂擁來送行，十里長亭，場面感人。

然而，誰想得到呢？光陰似箭，歲月如梭，匆匆十二年過去，薄熙來在二〇一三年搬家到北京秦城監獄去了，成了人犯一名。只能說人事變遷、滄海桑田，令人感慨萬千！

旅順、古戰場、二〇三高地

來大連就順道去旅順看看，距離約四十五公里，也可以搭巴士換換口味，大連火車站前就有大巴來回旅順，每二十分鐘一班，票價十三人民幣，因為有汽車快速道路，搭大巴僅需四十分鐘。

旅順跟日本人結的樑子深了，這話怎麼說呢？旅順是優良港口，近代的重要海軍基地。一八八〇年起，成為清朝北洋艦隊的海軍基地，在一八九四年中日甲午戰爭第一次被日本攻陷，居民幾乎被屠殺殆盡。十年後，一九〇五年，旅順變成俄國租界的遠東第一大軍港。在日俄戰爭第二次被日軍攻陷，雙方都死傷慘重。如今旅順又再成為中國北海艦隊的軍事基地，中日兩國關係不太好，歷史夙怨很深。旅順老百姓還是心裡先盤算一下，會不會哪天又仇家見面再遭戰禍？

旅順的二〇三高地，在日俄戰爭曾讓攻擊的日軍踢到鐵板，撞得鼻青臉腫，日軍傷亡慘重，屍堆成山。但是，最後終於攻下山頭要塞，足證當時的日軍非常勇敢，不畏犧牲，連對手俄國人都敬佩。至於今日的日本軍，經歷二戰戰敗，美國人統治，以及全面西化的改變，是否還有當年的武士道精神呢？看到現下日本A片氾濫，草食男眾多，武士道精神恐怕所剩不多。

最後由大連搭快車 T131 回到南京，12:20～次日 09:22，硬臥三百八十三人民幣，車程約二十一小時，結束此趟旅行。

第六章

塞北地區：往成吉思汗的家鄉去

內蒙古之旅

從南京可以直接搭火車到內蒙古首府呼和浩特，一天有兩班快車，車程約二十小時。

火車行程，如左表：

火車車次	起迄站	時間	票價	備註
Z268 快車	南京→呼和浩特	18:03～24:25（次日到達）	硬臥 403 元	2014 年資料（人民幣）
Z248 快車	呼和浩特→南京	12:21～17:29（次日到達）	硬臥 339 元	同前

因為有事需回臺灣，加上內蒙地區遼闊，景點分散，就考慮參加旅行團。所以，內蒙古之行是參加旅行團的旅行，與自助旅行大異其趣。

為何參加旅行社的內蒙古六天團？主要是因為，回程機票可以延期（延回規定，不得超過旅遊票期十四天，且需另繳三千臺幣延回費用）。這樣可以順道經由內蒙首府呼和浩特，就近搭火車到不遠的北方城市，如銀川，再自助旅遊七天。如此可以省下一筆機票費用，本來想得是挺美的，但是計畫趕不上變化。後來因為身體微恙，水土不服的關係，還是跟著團體回來了，放棄了機票延回。不過，這個「想法」還是挺可行的。

第二個原因是，團費既便宜又大碗，如果單人自助旅行，團費連付機票、住宿費用都不夠。

我經歷過臺灣窮苦的年代，父執輩從小教育要節儉，要克難。即使生活優渥了，也要能省則省。

跟團與單兵自助旅行的比較：

跟團：行程安排多，人氣旺，以同樣預算，吃、住、行都會比較好。但是，沒有隱私，沒有自由，要配合團體行動。

單兵自助旅行：行動自由，可以隨興所至，隨遇而安。不受團體拘束，較有隱私。食、住、行都豐儉由人。但以同級的旅行，花費會較大，而且安全性較差，需有危機處理準備。

首府呼和浩特

1.2 呼和浩特機場

二〇一三年九月，中秋節氣，秋高氣爽。大家在桃園機場集合，一團有二十四人，桃園直飛呼和浩特而去，呼和浩特機場的樣子挺中古的。

內蒙古的天氣還比臺灣冷，即使是九月天，白天中午攝氏一十多度，草原晚上能降到攝氏五、六度，下雨更是溼冷。大家行李都大包小包，帶著厚重衣物，為了禦寒。內

大昭寺解說員

大昭寺前成吉思汗雕像

呼和浩特街景

蒙草原冬天能降到攝氏零下二、三十度，風霜雪雨，蒙古牧民的體質、個性都磨練得非常強悍，難怪能孕育出十三世紀時，蒙古成吉思汗天下無敵的軍隊。

來內蒙古可跟成吉思汗結緣了。第一站大昭寺，成吉思汗雕像矗立。

後面參觀內蒙博物館、成吉思汗陵，都有成吉思汗蠟像及事蹟。內蒙人以成吉思汗為榮，這位英雄建立的蒙古帝國曾經統治中國近一百年（元帝國），統治俄羅斯長達四百年（欽察汗國）。至今北方的中國人多數都有蒙古血統，南方也有不少。蒙古騎兵在歷史上橫掃千軍，所騎的蒙古馬卻貌不驚人，跟西洋人的高頭大馬一比，簡直矮得像頭驢。但蒙古馬矮壯有耐力，能長途奔跑不休息，古時蒙古騎兵帶兩匹馬換著騎，就能奔馳千里去突擊敵軍。

大昭寺旁街景

草原蒙古馬

本團導遊可省事了，在遊覽車上，一部連續劇《成吉思汗》從頭播放到尾。由於每天都有數小時車程，大家看得不亦樂乎，有人連夢中都碰到成吉思汗。我覺得該連續劇拍得確實不錯，但導遊也該多介紹一下內蒙的風土人情，不能用放影片的方式矇混過去。

內蒙古雖說是蒙古，但如今大部分是漢人了。漢人多是上個世紀大飢荒時，由山西逃荒來到內蒙的，北方漢人與蒙古人長得像，說起普通話口音也像，從外表根本分不出來。漢人多居住在城市與農村，草原牧民則都是蒙古人，在草原不大洗澡，聽牧民說一個月不洗有的是。

第一天晚上，為了舒緩旅途疲憊，我們從投宿處打的士（叫計程車）到市區的溫州步行街按摩，五十分鐘要價五十人民幣，按完匆匆走人。

內蒙草原烤全羊

第二天，到了內蒙古草原，住進久聞其名的蒙古包，可惜是鋼筋水泥的蒙古包，優點是內有熱水可以洗澡。有兩項自費活動，一是吃烤全羔羊，一隻三千人民幣，約合一萬五千臺幣。想起以前去過紐西蘭，一隻活羊才一千五百臺幣，覺得真是貴得離譜！二十多人，每人分攤一百三十人民幣。全羊烤好出來上菜時，一看比小狗大不了多少，二十多人，每人就分個幾塊肉。想想跟團嘛！總要有讓人家賺的覺悟。

全羊宴也提供蒙古歌唱隨席表演，我近年來已經有點視茫茫髮蒼蒼、兩眼昏花，蒙古歌手的肺活量大、中氣十足，音箱聲量又大得驚人，震耳欲聾，別人講什麼一律聽不見，覺得屋頂好像都要被掀起來了。

1 內蒙的藝人
2 內蒙的騎馬俱樂部
3 景區內賣的果乾
4 澳洲來的年輕人挑戰牧民摔角，結果輕易就被撂倒
5 蒙古馬群

邊騎馬邊看草原風景，很愜意，但小心別摔下馬來

騎馬要小心，蒙古馬會欺生

騎蒙古馬可別大意

草園旅遊風行騎馬活動，提醒各位注意了，在草原騎馬一騎二至四小時，蒙古馬相當野，還會欺生。騎蒙古馬上下顛簸大，平常不騎馬的觀光客，這下屁股可要遭殃，甚至痔瘡都會發作，當然這就不利以後行程。因此，雖然導遊會鼓勵騎四小時，但建議不要逞強，騎一、兩小時就好，何況價格也不便宜，兩小時要價兩百六十人民幣。

草原牧民招待客人的奶製品

草原中的野戰廁所

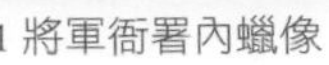

1 將軍衙署內蠟像
2 內蒙出土的恐龍化石
3 美岱召佛寺
4 美岱召入口

美岱召、響沙灣

我們喜歡中國的按摩，有些確實很道地。

但是，在內蒙呼和浩特市，街上有些足療洗浴店家是「掛羊頭賣狗肉」，提供「特殊服務」。

我到投宿處附近足療，一進門，櫃檯一個小伙子，看樣子是個服務生，說：「哥，晚上好。」我心想，叫我哥！叫叔叔還差不多。小伙子又說：「哥，來個特服吧！」我問：「什麼特服？」小伙子答：「就是三百塊全包那種，小姐年輕。」我說：「我腿酸，來按摩的。」小伙子又遊說我，但我堅決敬謝不敏走人。

第三天，內蒙降下暴雨，草原氣溫驟降十來度。我們回到呼市參觀一些平常景點，如將軍衙署、內蒙博物館。博物館內有內蒙出土的恐龍化石。

第四天，去鄂爾多斯市，途中參觀美岱召，這是個在陰山南麓的寺廟，風景甚美。

響沙灣

接著去一個叫做「響沙灣」的地方，欣賞沙漠風光與騎駱駝。沙漠的風景相當壯觀，天氣好的時候藍天沙海很吸睛。駱駝則比馬乖多了，我們像大老爺一樣坐在駱駝上，騎得很舒服，一搖一擺緩步前進。

「響沙灣」有娛樂設施，如纜車、沙漠越野車、滑沙等，簡直就像沙漠型的迪士尼樂園。有大型歌舞表演，水準不錯，也有藝人搞搞雜耍娛樂人家，不過門票不便宜，直追臺灣物價水準。

在這發生一段插曲，我曾經長期在學校工作，同團的兩位小姐一直覺得與我彼此面善，一聊之下發現——「瞎米！妳是我教高中時的學生！」已經畢業快十多年了。Oh my god！這也就是跟團，你會碰巧遇到熟人，當然很高興一起同團旅遊。往後數日，為了繼續維護師道尊嚴（以往一直維護得很好），就謹言慎行起來。

1 騎乘用的駱駝　2 內蒙騎駱駝，駱駝比馬乖多了
3 內蒙的沙漠　4 大型蒙古歌舞

鄂爾多斯市，鬼城見聞

晚上在鄂爾多斯市，按摩狂發作，又去市中心按摩，八十八人民幣，六十分鐘。兩位甘肅來內蒙打工的年輕女技師一直與我們聊天。

第一，聊到鄂爾多斯市房地產的崩潰。此地又稱「鬼城」，就是房子大多無人住，空曠得可怕！站在大街上，發現路上人車真少，寬闊筆直的大馬路上，幾乎可以打羽毛球了，因為看不到幾個人、幾輛車。然而，三年前房地產火紅的時候，連北京人都來買。他們相信房子會一直漲，自己絕不可能是最後一隻老鼠。等到泡泡越吹越大，終於吹破後，房市頓時掉入冰窟，瞬間急凍。如今是有行無市，就算一半價錢（高峰時期的價格）都賣不出去。鄂爾多斯市經濟蕭條很多，就像樹倒猢猻散，很多人都離開了，更是形成惡性經濟循環。不過，我們還是看到運送礦產的大貨車綿延不絕。鄂爾多斯市有礦產，經濟上還是比較有本錢，日後應該有翻身的餘地。

第二，按摩妹子又聊到中國官僚主義。兩位妹子異口同聲地一直批評鄂市的官員官僚腐敗，我們發現當前中國老百姓也很敢講，有委屈會說出來，不像從前那麼怕事。

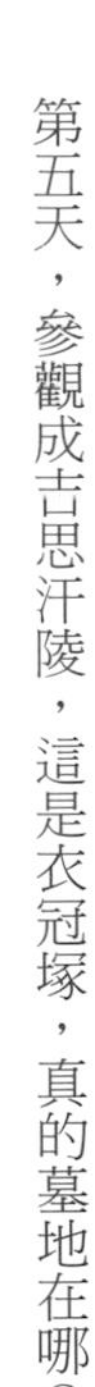

《成吉思汗》天天與我同在

第五天，參觀成吉思汗陵，這是衣冠塚，真的墓地在哪？至今是個謎。

成吉思汗陵正門

成吉思汗陵陵寢

成吉思汗騎馬雕像

又拉車回到呼和浩特市，一天車程五至六小時，車上電視一直播放連續劇《成吉思汗》，所以一天都與成吉思汗為伍。成吉思汗的蒙古名字是鐵木真。蒙古人文化相對落後，偉大功業主要建立在軍事武功上，一將功成萬骨枯，鐵木真在部族鬥爭的環境下成長，不但殺敵人、仇人，還殺過自己的兄弟，攻城掠地時屠城是家常便飯，殺尋常老百姓如砍瓜切菜。奇怪的是，成吉思汗征服的功業歷代都受到蒙古人、中國人，甚至中亞國家人民敬佩，這是為什麼呢？為何大夥有志一同，敬佩起大屠夫劊子手了？

這是因為成吉思汗殺人是有講究的，征服敵人後，十歲以上男子都殺，十歲以下為奴。重點在侵犯敵方女性使其生下蒙古種的後代，這樣一來，從根本上消滅了敵人。敵人的後代有了蒙古血統，變成蒙古的後代，自然不好對蒙古人報復，反而以蒙古血統為榮，尊敬起成吉思汗了。根據牛津大學遺傳基因研究，現今全世界有成吉思汗血緣的人達一千六百萬。依此推論，有蒙古征服者血緣者，在漢人與中亞人裡應該至少達到人口半數以上。換句話說，你我都是蒙古征服者的後代，怎麼能罵蒙古人呢？

華燈初上，我們到呼市最熱鬧的新華廣場附近逛大街。買了內蒙名產中藥枸杞。之後到海亮大百貨，海亮裝潢得新穎亮麗，有置身在臺北東區大百貨公司的感覺。內有KTV、按摩店、電影院、麥當勞等，是個相當多樣化的百貨公司。很快的，我們的按摩癮又發作了，我們去的店叫做「良友」，是個正規有水準的場子，八十分鐘，一百一十八人民幣。按得一個「爽」字足以形容，幾天的疲累一掃而空，物超所值。

第六天，參觀昭君墓與公主府。說實話，跟西安一比，這裡的古墓古蹟差太遠了，沒有看頭。

跟團就是這樣，旅行要有紀律，不想去的景點，也得去虛應一下故事。去了以後，到處閒逛，向景區邊上的小販買一些內蒙出產的奇異果（中國稱「獼猴桃」）。一看，比紐西蘭的大多了，居然有成人拳頭那麼大。上次在張家界買的奇異果又小得好像荔枝一樣。真是「橘過淮為枳」，不同水土就長得不大一樣。

下午前往機場，領隊發給每人一張顧客意見表。我給領隊「優等」，給導遊「劣等」，因為她放太多連續劇了，大家來中國旅遊不是看連續劇的。飛機直飛臺灣桃園，結束這趟旅行。

昭君墓內蠟像

昭君亭

王昭君騎馬雕像

第七章

塞北地區：西夏王朝故都

寧夏、銀川之旅

由西安到寧夏回族自治區的首府銀川，一天有四班火車。

火車車次	起迄站	時間	票價	備註
K1085 快車	西安→銀川	17:38～09:09（次日）	硬臥 190 元	2014 年資料（人民幣）
K1068 快車	銀川→西安	18:28～08:45（次日）	硬臥 190 元	同前

火車一路向銀川駛去，經過古時塞外之地，一路上車窗外景致既壯闊又荒涼，進入礫漠地形的高原，黃土地一大片；沿鐵路的固源、同心一帶，大多是回族居住地區，居民戴著小方白帽，家裡院子裡就養著羊，地裡種著耐旱植物，如中藥材枸杞，寧夏水土適合種枸杞，品質好，居民收入也因此有所改善。

到了中固站，標高約一千五百公尺，是此段鐵路最高點，然後緩緩下降到銀川的一千一百公尺，景觀就豁然開朗，見識到礫漠中的綠洲銀川——塞外江南，七月均溫攝氏二十二度，堪稱避暑勝地，之所以能形成這片綠洲寶地，主要在於西北有超過三千公尺的賀蘭山，山的西側是沙漠，東側則是銀川平原，海洋來的潮溼空氣在此地到了盡頭，雨水降下來滋潤了銀川。

賀蘭山脈與東側綠洲

西夏王朝如今安在？

一千多年前，党項族的李元昊在此建立西夏國都，稱作興慶府。西夏人祖先來自西藏高原，堅毅勇敢，在唐代就受到儒家與佛家文化薰陶，建立自己的文字與行政系統，曾經輝煌一時。先後傳世了十代君主，一百多年來力抗比她大得多的遼、金、宋與蒙古。史家們驚訝，以西夏如此少的資源，怎麼能與宋、金分庭抗禮這麼多年？又怎麼能抵抗蒙古大汗成吉思汗舉國攻了十多年，讓蒙古屢攻不下損失慘重？也許是抵抗太強烈了，成吉思汗遺命繼任的蒙古大汗，攻下銀川後，徹底殲滅西夏國，如今西夏也只剩史書上的記載。

銀川西塔

銀川市目前還有西塔、西夏王陵供後人憑弔感嘆。西塔就是一個荒涼的佛塔，在一個院落裡。西塔始建於西夏，後來毀於戰火，現在看到的是清代乾隆年間建造的。平日遊客不多，整個院落成了隔壁鄰居大媽們早上活動的場所。

至於西夏王陵就是一些人工大土堆，是歷代西夏王的墳墓，沒讓蒙古人完全給毀掉所剩下來的。離市區有一段路，約三十公里，靠近賀蘭山腳。市區有旅行社招攬一日遊的生意，不過好不好見仁見智。

西夏的文物，經過蒙古人的大破壞，幾乎沒有什麼流傳至今。但是西夏當年的「佛教＋漢族文化」明顯超越蒙古人，因為西夏人本是中國唐朝時的党項族（藏族的一支），遷居到陝西北部一帶，先是因功被唐僖宗封為夏州節度使，然後在宋朝初年獨立，首都在興慶（現今的銀川），受過漢族文化薰陶。

岳飛的詞《滿江紅》中有「駕長車，踏破賀蘭山缺……」，指的就是銀川。蒙古人滅掉西夏很吃力，戰爭打了二十多年，成吉思汗一生也沒能滅掉西夏，這證明了西夏雖小，卻能征善戰，連宋、金也都奈何不了她。不論如何，蒙古、金、宋的後人如今都在，但是西夏這麼一個勇猛的民族，血緣文化卻消失無蹤，而今的西夏人則是回族與漢族的混合體。

銀川鼓樓，靠近鬧區

銀川，礫漠中的江南風光

銀川市區分東西兩邊，但真正的市區是東邊，包括興慶區與舊城區，最熱鬧的地區是新華東街，新華百貨附近，包括鼓樓一帶，步行街人潮洶湧，商店生意興隆。各種娛樂，如唱歌、跳舞、洗浴、按摩、吃、喝也不少，有興趣的遊客都能找到。銀川市區乾淨，表示市民很講衛生，當地人皮膚還挺好，一點也不像塞外地區，因為有雨又有水的滋潤，所以叫塞外江南。

至於西邊是屬於新開發區——西夏區，政府建築物與新社區住宅多，人少而空曠。銀川新火車站在此，既新又大，非常現代化，裡面有電扶梯，所以旅客不用大包小包、爬上爬下累個半死，只是離市區有點遠，搭公車到市區約四十至五十分鐘。

市區內的中山公園花木扶疏、綠樹成蔭，在大藍天下，真是好舒服。裡頭有池塘開放釣魚，看見男男女女摟抱著在池邊釣魚「醉翁之意不在酒」，看來是個約會的好去處，不過釣上的魚可要付錢。

中山公園是當年西夏開國皇帝李元昊的園林，有歷史典故，園內有幾處景觀值得一看，免費入場。

下午在銀川鬧市吃了一頓午餐，西安式口味，有涼皮、肉夾饃、酸梅湯，祭飽了五臟廟。此外，寧夏因為水土適合，生產的枸杞品質好，送禮自用兩相宜，枸杞滋補明目又營養，但不能吃太多，容易上火。

在銀川又一次發現中國政府大力發展綠能產業，於賀蘭山上有一大堆風力發電機在隆隆運轉。而家家戶戶屋頂上安裝太陽能板的非常普遍，中國綠能產業相當先進，但是對於空氣汙染卻束手無策，真是非常諷刺。有研究指出，現在世界吸菸人口越來越少，但得肺癌的人卻越來越多。原來吸菸與肺癌沒有必然關係，而是跟基因遺傳有關。還有天天喝酒的人，比不喝酒的人心血管更健康，這都顛覆很多人原本的想法。

參觀寧夏博物館

寧夏博物館在銀川的西邊新區裡，從東邊鬧區搭公車過去約三十分鐘，若招計程車約二十多人民幣。博物館免費參觀，展出西夏史前岩石雕刻等，也介紹西夏文物。其中令人驚訝的是，居

寧夏博物館

然展出中共紅軍長征紀錄，紅軍曾經西征到寧夏。對這個「征」字的用法真是一絕，按字典解釋：「征」是「進行長期討伐與攻擊」的意思。

當時一九三〇年代國共內戰，共軍要征討國民黨，征討的地方應該是北京、上海、廣州，因為那裡才是國民黨聚集之地，哪裡人多就去解放哪裡不是嗎？怎麼征討到鳥不生蛋的寧夏來了？這能算「征」嗎？倒像是「逃」，也許說「保留實力，走為上策」，比較符合紅軍當時的情況，不過這世上總是成王敗寇，歷史是贏家寫的。

後來國民黨在一九四九年敗退到臺灣，明明是撤退，卻叫做「轉進」，雙方都一樣阿Q好面子。我們只希望字詞用法正確一點，不要誤導百姓，兩黨有話好好講，不要再打仗，才是全民之福。

死傷千萬的族群械鬥，陝甘回變

在此地回顧一下歷史，歷史經常是帶點血腥的。

寧夏回族是一八七九年「陝甘回亂」後，由清代名臣左宗棠將歸降的回族人安置於此地。最早在一八六二年，陝西回族與漢族發生矛盾，就事件的發端「砍竹事件」（先是漢人將竹林賣給回人砍伐，後來反悔又不願賣了，就說回人是偷，釀成事端）來看是漢人理虧。後來官府不能秉公處理，回人就在阿訇（伊斯蘭教長老的稱呼）的號召下，組織超過三十萬的伊斯蘭教大軍殺漢族，當然漢族也殺回族。

只是一開始回軍勝利，沿渭河的漢族村落幾乎被殺光了，雙方都是不分男女老幼，滅族式的狂殺。陝西、甘肅兩省，漢民死亡超過一千萬人。比第一次世界大戰死亡人數還多，嚇人吧！後來清軍進剿，回軍退到甘肅，又是一陣狂殺，直到左宗棠用「剿撫並用」的政策，最終平定了動亂。過程中當然沒少殺回族，陝西回族人口比事件前少了百分之九十五。戰爭真是損人不利己！左公將投降回族安置在寧夏，留在陝西恐怕不安全，哪天漢民一報仇，可能會殺個片甲不留吧！

拜訪清真寺

南關清真寺

參觀了鼓樓附近的南關清真寺，寺的規模並不大，是在文化大革命的破壞後重新建造。黃昏時分，繳十人民幣到寺裡面走一圈，只遇見一位西安來自助旅行的女大學生，彼此聊了一下對伊斯蘭教的看法。她住在西邊新區，晚上冷冷清清很無聊，想到東邊來玩玩，我替她拍照留影。後來見到阿訇，經過一番客氣討教，他親切的歡迎我來慕道，說實話，我對伊斯蘭教也非常感興趣，後來亦對回民做了一番了解，如後所述。

寧夏回民印象更正

經過了解，所謂「回民」，並非以血統語言來界定，而是以宗教來定位。不管是漢、蒙、滿、藏、哈薩克族，在中國若信了伊斯蘭教就是回民。維吾爾人若不信伊斯蘭教，也不能稱回民。漢人若信了伊斯蘭教，就是回民。以我自己來說，有三個觀念更新了。

一是對回民的印象，從前看了些報導，說回民會騙人（譬如，南方賣果乾花生糖的回族小販），回民很凶（帶刀），是潛在的恐怖分子等。但是實際上，如果真心信奉伊斯蘭教，不但不偷、不搶、不害人，還不說謊、不吃豬肉、不吸菸喝酒，教義相當淨化人心與身體。

第二，我去足浴的時候，按腳的回族師傅告訴我，現在回漢通婚普遍了。漢族青年娶了回族姑娘，因此信了伊斯蘭教成了回民。也有回族姑娘跟了漢族丈夫吃起豬肉，回、漢文化和血緣都在交流，兩者間關係並不緊張。

第三，一般認為那種長相輪廓深，鼻子高、凹眼眶者，譬如維吾爾人，才是回族。實際上，在中國一旦信了伊斯蘭教就是回民，所以寧夏回族自治區，不比新疆人的外表明顯。寧夏回漢種族區分小，外貌上多看不出來，而銀川人口兩百萬，回族占百分之二十五，以寧夏六百三十八萬人（二〇一一年統計）來說，回族約占百分之三十三，漢族仍居大多數。漢族信伊斯蘭教的也不在少數，我的感覺是，回族都很好，尤其是買賣東西不二價。

買枸杞就發現無論在哪個店，還是火車站也好，都是二十人民幣一包（半斤包裝），價錢實在，大家都省事。搭計程車，回族司機很樸實，不會敲竹槓，反倒是漢族宰客，還拒載短程。

由銀川回到西安，搭快車 K1068，18:28 開，早上 08:45 到。在 06:00 左右途經寶雞的時候，天方破曉，就看到旱地裡到處都是起早摸黑、正在工作的農民。不由得感嘆：「中國農民真是勤勞啊！」現在的經濟改革氛圍，確實大大調整了農民生產的積極性。中國人民的勤奮肯幹，中國經濟應該還會快速成長。

第八章

西北地區：中國西北的重心

西安之旅

西安，西北必遊之地

這回準備搭火車搖晃到西安去，西安地區就是戰國時代的咸陽，也是秦始皇的老家。漢、唐時代是世界大都會長安，也是漢代絲路的起點，「關中八百里秦川，自古兵家必爭之地」。您說它精采不精采？如今是陝西省會，本身是政治與文化古都，旅遊資源豐富，「米脂的姑娘，綏德的漢」，俊男美女多，看得令人眼花撩亂。

西安機場登機辦理櫃檯區

西安又是中國西北地區的交通中心。西安站有火車通新疆、甘肅、寧夏、青海，西北地區不論是人文氛圍（回族、藏族、少數民族），或是地理環境（沙漠、綠洲、高山、雪地），都與中國內地不大一樣，簡直像出國旅遊。而且風景壯麗，可觀之處俯拾皆是。人生苦短，一生當中，西安絕對值得一遊。

話說我個人愛搭火車，但看官們如果要省時間，去西安可搭飛機。先到西安一遊，再乘火車轉往西北各地，如此一來飛機、火車的風景都全了。

臺灣到西安，飛機航班分直飛（此航線有多家航空公司，缺點是並非每天都有航班）、轉機（如經香港轉機的國泰航空每日皆有班機，到達西安與離開時間都在下午三、四點，日期可更改，比較有彈性。轉機時，還可以順便一遊香港）。

若是搭火車，經「金廈小三通」，先由臺北到廈門。優點是便宜（二〇一四年，約六千七百臺幣），每天航班、船班幾十個班次。淡季時隨到隨走，彈性大。缺點是要多花兩、三小時。

以二〇一四年為準，廈門到西安的火車，一天一班，快車 K241，15:50 開，到西安約需三十九小時，或是由廣州發車（一天十四班，高鐵約十小時，快車約二十七小時）。西安到廈門的火車，快車 K242，19:28～07:16（車上過兩夜），硬臥四百二十九人民幣。

火車車次	起迄站	時間	票價	備註
K336 快車	廈門 ──▶ 株州	20:38～19:12（次日到達）	硬臥 263 元	2014 年資料（人民幣）
K1168 快車	長沙 ──▶ 西安	17:04～12:11（次日到達）	硬臥 315 元	同前
K242 快車	西安 ──▶ 廈門	19:28～07:16（兩日到達）	硬臥 429 元	同前

計畫是要先到湖南省會長沙訪友，因為廈門沒有直接到長沙的火車，只能先到株州轉車（株州離長沙很近）。

從廈門搭快車 K336，20:38 開，臥鋪空位很多，車廂人不多，靜謐得很。跟過年春運時，車內走道擠得水洩不通，旅客因為上不了廁所，尿在褲子裡的情形相比，真是天壤之別。

車廂搖晃中，悠悠忽忽睡了一覺，第二天 19:12 到了長沙南邊的株川，立即轉往長沙。株州是大站，南來北往多條鐵路在此交會，到長沙就一會兒工夫，搭高鐵約十五分鐘，快車約四十分鐘，一天六十九班，十分密集。株州也有火車直接到西安，一天七班，高鐵約七小時，快車約二十小時。

訪臺商老友

抵達長沙後，見到久別重逢的臺商老友，少不得品嘗一下湖南菜。盛情難卻，就喝上兩盅，話匣子打開，天南地北的敘舊。

這位老友在湖南經商二十餘載，大風大浪，身經百戰，不但生意做得好，還俠骨柔情，已生有六名子女，增產報國，令我自嘆弗如。老友確實不簡單，第一，讓中、港、臺三地這些個一胎化，低生育的哥們、姐們，慚愧萬分，汗顏不已；第二，讓中華民族免於滅種之禍，可謂貢獻良多。問他還繼續生不？老友說，他年事漸高，已經知道要韜光養晦、安養休息，但若是為了國家百年大計，就算粉身碎骨也在所不辭。看來愛國的老友有可能繼續生下去！

曾經在海外、中國、臺灣，跟湖南人打過交道不下二十年。湖南人聰明、講義氣，個性直，善於當官打仗，幹活也勤快，但似乎不是很好的商人，腦筋轉彎速度不夠快，性子又比較急躁。至於湘妹子貌美多情，好的時候柔情似水，但因為平日辣椒吃得多，脾氣一來火爆十足，簡直就是一匹騾子，倔得很。

離開湖南，離情依依。從長沙轉往西安，一天有十六班車，高鐵約六至七小時、快車約十五至十九小時。我搭快車K1168，17:04開，在火車上過一夜。一個小伙子找我幫忙換鋪位，他想跟同學們的鋪位在一起，這跟乘務員打聲招呼就可以，我也樂得換個安靜的鋪位。只是小伙子口口聲聲叫我叔叔，雖然禮貌周到，但等於是提醒我歲數大了，歲月不饒人哪！

西安住宿、休閒與民情

第二日，12:11到西安。車站出口交通很亂，人馬雜沓，空氣混濁　便快速搭計程車離開是非之地，時間剛好方便入住酒店（太早到經常住不進去）。

投宿在豐慶公園北門的漢庭酒店，就在公園邊上。每晚一百八十人民幣，剛開業不久，既乾淨又新，是大型連鎖酒店，服務人員訓練管理得相當好，早餐每人十八人民幣，菜色不差。重要的是有自行車免費出借，這下交通問題解決一半，附加好處是每天都可以藉機鍛鍊一下。

附近有休閒按摩足浴店，九十分鐘，八十八人民幣。在西安，跟在其他城市一樣，很多按摩指壓店「掛羊頭賣狗肉」，走進去前要分辨清楚。門口如果有小弟看門，多半不正規，如果是迎賓小妹站崗，則多為正規。

西安是一級觀光區，有「特殊服務」之處很多。聽當地內行人說，西安舞廳聞名全國，是當地一絕。外地女性遊客敬請止步，因為多是當地女性會去。男男女女都在找異性朋友，規矩是跳慢舞的時候，燈光熄滅，帶點情色又不算色情。看官若有興趣可以去看看，重點是要注意安全，跳舞消費不貴又可了解當地民風，一舉兩得。

西安是中國西北部交通中心，有火車通西寧、延安、銀川、新疆等地。街頭人種多樣，也有很多洋人來旅遊，多半是慕兵馬俑之名而來。西安人挺開放，實際且不害羞，在公共廁所裡，一個個小隔間都沒有門，西安人習慣各自露個大白屁股拉屎撒尿，不會正眼看你，不需少見多怪。不過，新建的廁所都有隔間門了。

講起政局民情，一般老百姓忙著賺錢，不愛過問政治，一則害怕惹事，再則根本沒有民主意識。媒體是一面倒的對政府歌功頌德，表揚黨的形象。民眾們也知道媒體報導不盡然是真相，但也沒有太多意見，因為生活的確有改善，工資也提高，雖然物價仍是居高不下。

從旁觀察，個人看法是，一般知識分子，有技術會管理的城鎮人士，是當前政策的受益者，支持中國目前這種菁英專政式的資本主義。至於中下階層的工人、農民，雖然會有不滿，但是一來，沒有組織後勤支援；二來，沒有到「吃不飽捱餓」要拚命的程度，不會搞起大的動亂。

西安歷史博物館

大雁塔前高僧玄奘雕像

拜訪西安

西安市的旅遊分東、西線，東線去兵馬俑、驪山，西線去法門寺、乾陵等。都在火車站前乘車，特別要注意的是，必須小心看清楚是不是政府辦的旅遊車。因為有私人的旅遊車魚目混珠，也停在火車站前，還派人拉客。不論乘車，還是參加一日旅遊團，一定要參加公辦的才安全，否則一旦參加了黑心旅遊團，上當受騙玩得一肚子氣不說，還有危險。

這幾天一共光顧了兵馬俑、驪山華清池、大雁塔、大唐芙蓉園、回民街、乾陵、霍去病墓、碑林等景點，說光顧是因為到哪都得花錢，這些景點都是西安的搖錢樹。

首先去秦始皇兵馬俑博物館，此館聞名國際，慕名而來的遊客來自世界各地，當然是

西安鐘樓，就是市中心

西安必遊之地，也因此門票漲個不停。但是，進去看了一堆陶土製作的陪葬軍隊後，心裡卻覺得不太開心。看完出了門外一看，不得了，整條商店街到處充斥著兵馬俑複製品，心想這東西誰要？放在家裡避邪嗎？恐怕會嚇到小孩子！

接著來到大雁塔，是唐三藏到西天取經回來後建的佛塔，已經有一千三百年歷史。中國政府花費鉅資將附近整理得不錯，有個超大型噴水池，一條商店街賣玉石小藝品等，有空去逛逛跟小販交交手喊喊價還不錯。

大雁塔附近是大唐芙蓉園，超級商業化，裡面一大堆仿唐式建築，加上西式遊樂場。不中不西的感覺，若行程充裕才建議去逛逛。

另一個小雁塔，破敗不堪，髒亂失修，也是行程充裕才建議去逛。

本來一向對古墳古墓不感興趣，但去看了乾陵，站在武則天的無字碑前，遙想當年武氏的青春美貌與聰慧，是怎樣讓唐太宗、唐高宗父子都迷戀上她的？能夠三千寵愛集一身，房帷之內必有過人之處。武氏是中國女權主義的老祖宗，以果斷敢為的手段母儀天下，在儒家封建時代，確實很不簡單。倒臺後，武氏之所以沒有被處死而有善終，主要是因為生的兒子當了皇帝，兒子若處死了母親畢竟有違人倫。

去探訪了霍去病墓，位於一處約三十公尺高的小山丘上，周圍都是玉米地，在墓前緬懷這位英年早逝的漢朝大將軍。他本是出身貧賤的私生子，只因漢武帝看上他的姨母就全家雞犬升天，搭直升機般的快速從奴僕晉升貴族，相信嗎？才十八歲就掌兵符，當上將軍，並且大敗強敵匈奴，權傾一時，不可一世。但是天妒英才，他居然在二十二歲就一病嗚呼，從竄起到殞落，速度之快令人咋舌不已。

西安的碑林，喜歡書法的人一定要去參觀，門票便宜，可以看到很多歷代書法大家的真跡。若對書法不感興趣的人，去了可能會覺得無趣。內行的看門道，外行的看熱鬧，但偏偏碑林又沒有熱鬧可看。

至於其餘景點，西安歷史博物館就在市內，交通方便，館藏相當豐富，持證件可以免費參觀。而西嶽華山離西安市比較遠，山景在中國是最為險峭壯麗的，筆者極力推薦，若體力好就去，絕對不虛此行。若規劃去華山要到西安北站搭高鐵，需有兩天以上時間來回。此外還有回民街，就考察當地社會人文環境來說，建議應該去逛逛，體會一下當地風土人情與著名小吃，才不虛此行。

在西安聯絡臺灣或打國際電話，可以買中國電信的 IP 電話卡，每張五十人民幣，內含可用金額一百人民幣。使用時先用酒店電話打 17900 轉撥就可以接通，打澳洲每分鐘三人民幣，打臺灣每分鐘一點二人民幣（二〇一四年標準）。

秦陵兵馬俑前秦始皇雕像

西安鼓樓旁邊是回民街

西安小吃與物價

在西安要吃啥？比起東部各省，其實西安沒什麼太多吃的，要算簡單。主要就是麵食、羊肉泡饃、燒餅、小米粥、涼皮之類。不過，回民街的涼皮該嘗嘗，羊肉泡饃味道還可以，回族做的東西乾淨，吃了沒病，味道都偏辣，要看清楚再點，價格則跟臺北差不多。

1 涼皮一碗＋酸梅湯＝ 7.5 元　2 回民街大棗品質好，但不便宜　3 一碗碗的涼皮與佐料
4 回民街街景　5 回民街有名的涼皮店　6 回民街賣羊肉串與新疆餅子饢的攤子

賣玉小攤

西安物價，比得上臺北，但還是有些基本消費比臺北便宜。例如，公車搭一趟一至二人民幣、乾淨新穎的快捷酒店住一天一百五十至兩百人民幣、啤酒每瓶三人民幣、的士（計程車）起步價七人民幣、玉鐲一個十至三十人民幣，但是貴的也很多，所謂黃金有價玉無價，看人高興給。假的玉鐲多得是，有各種科學化學方法製作假玉，但一般人分辨不出真假）。

西安旅遊安全提醒

第一危險之地是火車站，中國的火車站多為複雜之地，一向龍蛇雜處、人馬雜沓。西安尤甚，我就曾在此被騙過，還好只破點小財，就是財去人安樂。

第二，搭車去看兵馬俑，一定要確定是官方的車。因為有一堆山寨車，搭上去就「不來西安，終生遺憾，來了西安，遺憾終生」。

第三，各景點入場費都不便宜，要先了解為好。在機場及景區用餐都貴一倍，事先想好。不建議在西安吃海鮮，畢竟都是空運，不新鮮也不划算。百貨名品店比臺灣還貴，沒必要不買。

第四，西安黑社會人士不少，還好的是，一般你不去招惹就沒事。

第五，西安街頭交通相當亂，人車爭道，尤其載貨的機器三輪車，會逆向行駛，必須特別小心，若被撞到了，嚴重的可能殘廢。總之人在外地，安全第一。

此外，西安天氣比較乾燥，人動了半天都不太出汗。六月是最舒服的季節，到了七至八月氣溫炎熱，成為中國的四大火爐之一，人的脾氣都會火爆起來。氣候影響人一點都不錯，交通在天熱時容易亂，出門請務必小心。

西安有臺商協會，會長是孫芳山先生，臺灣的海軍官校畢業，樂於助人。臺胞到西安旅遊，若有急難，可以向對臺辦、臺商協會求援，當然平安無事是最好。

第九章

西北地區：中東風情畫

蘭州、吐魯番、烏魯木齊

歷史上的「絲路」，就是幅迷人的中東風情畫。很多朋友都是「雖不能至，心嚮往之」。這次火車嘟嘟聲向西而去，我們走絲路到新疆，以西安作為起點，經蘭州，到烏魯木齊，最後回到西安。

這段路是古代絲路東段、中段的大部分，東西距離足足有兩千六百公里以上，古代駱駝商旅得走上兩個多月，如今鐵路臥鋪快車走一天多，剛好足夠飽覽絲路沿線的風光景致。

預計停留蘭州（甘肅省會）、烏魯木齊（新疆省會），以及著名的「火洲」吐魯番。

火車車次	起迄站	時間	票價	備註
T265 快車	西安 → 蘭州	10:09 ~ 16:48	硬臥中鋪 168 元	2014 年資料（人民幣）
K1351 快車	蘭州 → 烏魯木齊	11:33 ~ 12:30（次日）	硬臥中鋪 383 元	同前
T54 快車	烏魯木齊 → 西安	17:11 ~ 22:07（次日）	硬臥下鋪 506 元	同前

從烏魯木齊到吐魯番，火車行程約一至兩小時，距離約一百九十公里。經過審慎的了解後，我們並未搭乘火車，為什麼呢？

因為，吐魯番的火車站，並未座落於吐魯番市中心。大夥猜測距離市中心應該不遠吧？事實上，距離遠得令人嘆口長氣，足足有五十公里之遠，嚇人吧！等於是另一段行程。所以，我們放棄火車，改在烏魯木齊參加團體吐魯番一日遊，這在後面會敘述。

甘肅、新疆的歷史背景

西安往西走，先到了甘肅省，甘肅今日雖然屬於相對貧窮的地區，但在歷史上卻是開發很早的一個省。甘肅東西長約一千五百公里，東部的天水到蘭州一帶，在兩千七百年前的秦代就設立郡縣統治，比今日被稱為「內地」的浙江省南部溫州地區都早得多。光是甘肅的西部就大不一樣，在漢代之前，與新疆地區一併屬於「外國」夷狄之地，到那兒就等於「出國」了。然而，到了勇於打仗的漢武帝劉徹執政，他下令在甘肅西部設立赫赫有名的河西四郡（酒泉、張掖、武威、敦煌），打開了通往新疆，轉往中亞的絲綢之路。至此，甘肅也第一次正式成為中國領土。甘肅自古就是個漢、回、藏、蒙古等多民族雜居之地，在漢代滅亡後，三至六世紀，好長的一段時間，甘肅是由不同的少數民族占據建國，唐代收復甘肅，宋代又失掉甘肅，直到十三世紀的元朝，甘肅才再度成為中國的一部分，並且延續至今。

清代時甘肅發生恐怖的「陝甘回變」（一八六二至一八七三年），陝西、甘肅一帶，回族與漢族互相仇殺了十一年，人口損失超過兩千萬，到亂事平定的時候，漢族人口已經遠遠超過其他族群人口。

到了二〇一四年，根據人口統計，甘肅人口百分之九十以上都是漢族。對於民族的擴張，我們要對漢族的生育能力表示高度敬佩，並且認為這是中國能在歷史上一再開疆拓土的主要原因。生的就是比你多，別的民族能不服氣嗎？

甘肅再往西，就是新疆省。新疆乃是歷史上鼎鼎大名的「西域」之地，自古「西出陽關無故人」，本來算是外國，去西域（新疆）算是出國。當地人的文化、血統、長相、生活習慣，都和漢族大不一樣。但二〇一四年滄海桑田人事全非，漢族人口已經達到總人口的百分之四十一，歷史究竟是怎麼發展的呢？此外，新疆又是怎麼變成中國領土的？

註：新疆民族人口，維吾爾占百分之四十三，漢族占百分之四十一，哈薩克占百分之八，回族占百分之五，其餘各民族約占百分之三。來源為二〇一四年維基百科。

說說歷史演變，西域諸國成了中國新疆

話說約兩千兩百多年前，西域（新疆）這個地方，在荒漠中的綠洲上，存在著幾十個城邦式的國家，他們和新興的漢帝國幾乎沒法聯繫，因為中間隔著強大的匈奴。漢帝國一邊進行與匈奴的戰爭，一邊聯繫西域諸國，目的是想東、西夾擊匈奴，這就開啟了兩邊的交流。

經過幾代的經營，漢宣帝時（兩千零七十四年前）在西域設立了西域都護府，名義上開始統治西域，但僅止於「約束保護」西域諸國而已，離實質統治還是有一段距離。

漢帝國滅亡後不久，經過短命的魏、晉兩代，約有四百年之久，新疆跟南方的漢族政權幾乎沒有關係。

到了唐代，中國又強大起來了，距今一千三百七十四年前，唐太宗在高昌（今日的吐魯番市）設立安西都護府，又開始插手西域事務。不過，僅約一百年光景，大唐國勢就走下坡，很自然的，

漢族政權再度跟西域諸國說掰掰。這一次再度分手，約長達八百年。這段期間，新疆內部也發生很多變化。

首先是來自中亞的回紇人（屬於印歐民族，長相深目高鼻），約在一千兩百年前入侵新疆，他們對新疆原住民燒殺劫掠，一點也不客氣，甚至還占領了甘肅，攻打過長安。

回紇人究竟是誰呢？他們就是目前新疆維吾爾族的祖先（所以維吾爾人也是外來民族），維吾爾族的生育能力也頗令人肅然起敬，目前已經發展成新疆第一大民族，占總人口的百分之四十三，生育能力略勝第二名的漢族（百分之四十一）一籌。

新疆再度與中國發生關係，約在三百多年前（一六九七年）。此時中國內部也發生很大的變化，暮氣沉沉的漢族，突然加入新興滿族的血統與武功。滿漢聯軍（八旗、綠營）再度開拔來新疆。清初時武功興盛，大清帝國乾隆皇帝的軍隊，擊敗了蒙古準噶爾部，拿下了新疆東部。又經過六十二年的曠日持久戰，到了一七五九年，中國控制了西部，統一新疆，這也是歷史上第一次，中國完全占領了今天的新疆。不但如此，新疆周邊的國家，如哈薩克、浩罕等國，都成了中國的附庸國，要向北京朝貢。

然而，好夢易醒，好事多磨。到了一八六五年，在俄國的暗中支持下，浩罕國的阿古柏入侵新疆，占據了整個新疆約十年之久。當時清帝國已經衰弱，朝廷既無力也無心發動任何收復新疆的戰爭。

中國收復新疆最大功臣是湖南人左宗棠，他也是平定太平天國的雙料大功臣，在朝廷議事時很有影響力。左宗棠一面說服了朝廷挺他出兵，一面跟英國滙豐銀行借到了軍費。歷經兩年慘烈的戰爭，左宗棠幾乎是採取了種族滅絕戰略，才在一八七七年取得整個新疆。

七年後新疆建行省，此後正式成為中國的一部分。

車窗外風景，火車臥鋪見聞

坐火車過絲路，先看到陝、甘邊境一帶的山，從陝西寶雞經甘肅天水到武威，在黃土高原上，鐵路沿線的山，多是一疊疊、一盤盤的形狀，難怪甘肅有所謂六盤山，很多的山都不只六盤，十幾、二十盤都有，形成特殊的景觀。火車運行時穿越很多隧道，可以就近觀察這些山的長相。

火車經過河西走廊（武威、張掖、酒泉）的時候，車窗外空氣顯得非常乾淨，透明度很高，一眼能望到幾十公里，遠處的山頭積雪都看得一清二楚，景色壯闊。近處的小山脈，蜿蜒崎嶇，帶點黃綠色的植被，相當乾燥。平地上倒是常有綠油油的一片小綠洲，穿插著白楊樹、小麥與玉米田，偶有一小群山羊漫步其中。不過，極目所見，荒涼的不毛之地還是居多，可以感受到乾燥的空氣，缺水的土地，火辣的太陽，逐漸接近準噶爾沙漠了！

礫漠

綠洲

火車上看絲路的清晨景色

過了酒泉，西出玉門關就進入新疆地區

遙想一千多年前，行走於絲路的旅人，靠著駱駝橫越這一片大地，是怎樣的心情？離開親愛的家人，從洛陽，到長安，經河西，然後「西出陽關無故人」。這幾千里，幾個月的旅程，思念是不是日日夜夜呢？雖說商人重利輕別離，但是古征西域幾人回？紮營在綠洲的夜裡，仰望夜空，難道不思念遠方的人兒？

駱駝背上的絲綢，到了歐洲幾乎等於等重的黃金，這是幾個月辛勞冒險的代價。撫今思古，時空轉換，人性不變。新疆地理型態多樣，有高山、草原、綠洲、沙漠、礫漠……其中礫漠占多數。火車到了新疆的哈密，在六月天裡，九點多太陽才下山。晚上滿天星斗，夜空群星閃爍，幾乎沒光害。黎明約在五點，先是遠方地平線上泛起一道魚肚白，然後天色漸漸光亮，慢慢轉為淺藍，而地面仍是黑忽忽的，對比之下，景色甚美，帶來一種清新的氣氛。

從鄯善到烏魯木齊，窗外是遼闊的礫漠，地面偶有斷層起伏，一眼可望天邊的雪山（天山），視野寬廣，遊牧的哈薩克人，幾乎沒人有近視眼。吐魯番附近，

成群的風力機矗立新疆的礫漠中

一座座巨大的白色風力機，成群矗立在礫漠中，綿延好幾公里，蔚為壯觀。中國政府重視綠能產業，是第十二個五年計畫的發展重點。

火車見聞，社會民情

蘭州赴烏魯木齊

在蘭州站候車時，候車室內十分擁擠，此時一位女站務員么喝：「K1351次車的這邊來！」每人收十人民幣，就可以到「高雅候車室」內候車，除了有座位、有茶喝之外，還有優先上火車的特權。不願付這十人民幣的，上車時就得抓緊時間，跟著大夥大包小包，擠得像逃難似的，從另一走道洶湧前進，走得慢了有可能趕不上火車。

不過，現在新建的火車站，越來越看不見

1 候車室內常是萬頭攢動　2.3 高雅候車室內外

這種「高雅候車室」了。因為，以十人民幣買特權，讓鐵路員工自肥，還是讓人詬病的。

下鋪一對徐州來的中年夫妻，到哈密去看做水果生意的兒子，他們說：「新疆『疆獨』事件，批發商不敢來，很多水果運不出去，今年哈密水果跌價了。」果然沒有安定社會，經濟就要受影響。

又說到房價，徐州郊區房價二〇一三年還每平方公尺五千多人民幣，現在跌到三千多人民幣。因為開發商蓋太多，沒人住，成了「鬼城」。根據二〇一三年資料，中國有空房高達八千萬戶，有些城市的房地產確實有「硬著陸」的風險。烏魯木齊這三年房價翻倍漲，那是有點兒「居高思危」，如今疆獨鬧事，烏市遍布軍警，日子一不太平，房價就應聲往下。想想臺灣有些地方也蓋了一大片，晚上沒幾戶有燈火，中國、臺灣都有很高的空屋率，應了一句老話，房地產還是「location! location! location!」

烏魯木齊赴西安

在火車上，我們與一年輕女語文教師聊天，女老師來自美麗的喀納斯湖區域，漢族人，工作是專教其他民族漢語。她是六〇年代內地支援新疆時期，江蘇人的第二代（所謂的外省第二代，不過是在新疆），在言談中顯然是支持執政黨一黨專政的，連她也認為人民幣在中國購買力大降（三十年約降了一百倍），是政府失去人心的主因。

鄰鋪的一位中年女乘客，是新疆克拉瑪伊油田石油公司的員工，她對來自臺灣的我們感到好奇，好幾個小時彼此談天說地，也讓我們知道很多新疆的事情。新疆漢人很多是援疆時代軍人後代，也很多是公教、國營事業員工後代。當年支援邊疆的，各省都有　因為當兵的多，所以湖南人也多。這個群體的文化素質明顯比農民、商人來得高，談起話來言之有物，對國家局勢挺有見解，不輸給那幫北京侃爺。

鄰鋪一位自稱是政府的宣傳人員，說：「一胎化是錯誤的。我認為，一個民族至少要允許二胎。」我個人也贊同。

大夥都關心房地產，誰叫房地產占個人身家的二分之一以上，上海市中心房地產，每平方公尺已經達到八萬人民幣（每坪一百三十萬臺幣左右）。二、三環外也要二至三萬人民幣（每坪五十萬臺幣左右），超過臺北。

中國現在說詞，說「你是做傳銷的」等於「你是搞欺騙的」。

民間普遍認為，中國是「權大於法」的國家，若要做到厲行法治，還是個很大的挑戰。

蘭州風光：黃河鐵橋、登白塔山、蘭山遠眺

火車到了蘭州站，甘肅省會蘭州，是一塊黃河從中間流過，荒漠中出甘泉的風水寶地。夏天蘭州天氣乾爽涼快，因為此地海拔高度一千五百二十公尺，根本就是避暑勝地。

蘭州拉麵館

號稱正宗蘭州拉麵

蘭州拉麵馳名全中國，天水南路酒店旁邊就是一家正宗蘭州拉麵，連鎖經營還兼二十四小時營業，真夠商業化。點了一碗拉麵，上面浮著一層紅紅的辣油，看起來挺嚇人，實際上並不辣。到蘭州就要吃點當地的特色小吃，回族人做的涼皮（類似臺灣的麻醬涼麵）、麵餅（饢）、烤肉串，以及當地盛產的甜香瓜、青稞，都是既便宜又好吃，值得品嘗。

青稞

當地夜市的羊肉泡饃、烤肉串

1 黃河鐵橋，對面是白塔山　2 從白塔山鳥瞰市區　3.4 白塔山回族村清真寺內外

來蘭州建議去位於市中心附近，黃河鐵橋邊上的白塔山公園爬爬山（免門票），黃河鐵橋的前身是座浮橋，為黃河上著名景點，以前是通往西域的唯一橋樑，在清光緒年間才改成鐵橋。白塔山上的白塔，標高一千七百二十公尺，乍聽之下，有點驚人，本想打退堂鼓。轉念一想，腳底下不是已經一千五百二十公尺了嗎？於是也就欣欣然爬山去了。白塔山上有些古建築，足以發思古之幽情，視野相當廣闊，可以鳥瞰蘭州市鬧區。附近有伊斯蘭教的清真寺與回族村，也可以免費參觀。

蘭山與五泉山公園

蘭山森林公園是著名景點，海拔約兩千兩百公尺，山上風景壯麗，視野開闊，一覽無遺，蘭州城區盡收眼底。蘭山就在市區旁，上蘭山所費不多，值得一去。

上蘭山最好是乘小巴士上山，再搭纜車下山。由於山下的纜車站出口就在五泉山公園，因此可以順道一遊。

蘭山近年來闢建成公園，山上空氣清新，是蘭州最佳觀景之處，其中又以到「三臺閣」上觀景最為壯觀。乘纜車下山到五泉山公園，此園有眾多泉水及寺廟因而得名，有些寺廟沿著峭壁懸空搭建，景觀特殊。

公園出口就是市區，充滿各類賣吃賣喝的小販，以及為人算命的攤子。

1 蘭山上觀周邊景色，開闊壯麗　2 蘭山纜車　3 三臺閣是最佳觀景臺　4 建在峭壁上的廟宇建築　5 公園是蘭州人休憩勝地，好幾位仁兄在「請勿垂釣」的牌子旁釣魚　6 公園口的算命攤

從烏魯木齊街頭看政治局勢

烏魯木齊街頭武警站崗

剛出了烏魯木齊火車站，馬上就有身穿防彈背心，荷槍實彈的武警與裝甲車伺候。武警都是全副武裝，三人一組，神情如臨大敵。此後，在烏市這幾天，凡是交通要道與人潮多的地方，都有武警及裝甲車擺出這樣的陣仗。而各個商場、機關、車站，也都要檢查隨身物品。

但是，看看一般老百姓，卻絲毫沒有緊張的樣子，都是自顧自的照常過日子。不禁要問，中國政府如此嚴陣以待，真有這麼嚴重？

我們知道，新疆與中國其他省不一樣，在於少數民族（主要是維吾爾族）人口超過漢族人口（除了西藏，各省都是漢族人口占多數），更重要的是與國際接軌，和中亞一帶的泛突厥民族國家（從哈薩克、吉爾吉斯一直到近東的土耳其），在宗教、血緣、語言文化上，親近的程度遠遠超過與漢族的關係。加上二〇〇一年起，隔壁的阿富汗與巴基斯坦正在進行「伊斯蘭聖戰」，打得如火如荼。影響所及，新疆就有所謂「東突厥斯坦伊斯蘭運動」，近年來，時而發生以武力訴求獨立的事件。

在我們來新疆的前幾天，「疆獨組織」才在新疆發動了恐怖爆炸案，對無辜民眾進行暴力攻擊，殺死了幾十個人，很多旅客都嚇得不來了。所以，「買鹹魚放生——不知死活」的我們，就撿了個便宜，在這個旅遊旺季能順利買到火車臥鋪票，各旅遊景點也絲毫不擠，看來炸彈還真嚇人。

往烏魯木齊的火車上，車廂乘務員是個大姑娘，知道我們來新疆旅行，說了句：「你不怕啊！別人都不敢來。」

我回了乘務員一句：「咱來新疆之前，特地保了個大號保險，我一出事，家裡就要發財了！」眾人哈哈一笑。

烏魯木齊，大巴扎、爬紅山、博物館看千年不朽將軍

在烏魯木齊的酒店，都快晚上十一點了（北京時間），正打算鋪床作它一個仲夏夜之夢，看看窗外的太陽卻還不肯睡覺，難怪烏魯木齊沒有「夜市」。太陽之所以這麼勤勞，是因為新疆地區的緯度高，而且新疆時間比北京時間晚兩小時（中國以北京時間為準，統一全國時間）。

來到和平南路的國際大巴扎（巴扎，市場也），此地完全是一派中東風情——維吾爾族居民，伊斯蘭式的建築，街上擦身而過的蒙面女郎，各樣中東貨品如地毯、小刀、銅器等；各式吃食如烤包子、烤羊肉、烤雞、饢、哈密瓜等。感覺維族與漢族關係挺好，許多維族人對你微笑，做起生意來和顏悅色，聽說很多維族領導加入共產黨，維、漢關係是彼此不可或缺的，感謝上帝，突

厥民族終於與漢族成了好兄弟。

可惜的是，後來兩天，我們兩次在大巴扎遭遇扒手。不過，總的說來，維族生意人挺實在，不喜歡討價還價，但是想賣的時候，會主動給個便宜價格。

1 國際大巴扎地標　2 維族人的烤餅——饢　3 販賣精美刀子與銅器的店　4 維族的首飾攤位　5 好吃的各種烤肉　6 街景，依照《古蘭經》教誨蒙頭的街頭維族女性

從紅山上遠眺樓看市區

武警荷槍實彈站崗

聽當地人說市區內的「紅山」風景挺不錯，心裡就動念想去爬爬這座山。但是，一聽說紅山高達九百一十公尺，立刻有兩個反應，一是想想我們年高德劭，怕禁不起這種折騰；二是極目四望，怎麼也看不到市區哪裡有這麼一座高山？後來轉念一想，烏魯木齊的海拔高度，我們腳底下不就已經有八百公尺高了，難怪在夏天裡天氣這麼涼爽。這跟上回急著出門，戴著帽子到處找帽子是一個德性——囧態畢露！我們到了紅山，發現挺安全的，門口居然有武警荷槍實彈站崗。

接著奔新疆博物館而去，主要是為了「瞻仰遺容」。別的登徒子多半是為了「樓蘭美女」而來，我卻是為了「張雄將軍」而來。因為，我平生特別敬佩有軍人氣節之士（等於是敬佩我自己），特地來此一覽千年不朽的張將軍「芳容」。

新疆博物館陳列了數具千年不朽的人體（就是「乾屍」），其中最出名是已經死亡三千八百年的樓蘭美女。不過，登徒子們不能寄望太高，看到本尊後，可能會大失所望。至於，看完美女後，如果吃不下東西，最好可以事先備點胃腸藥。而張雄將軍是唐代高昌國左衛大將軍，死亡時間是西元六三三年，享年五十歲。

這些人體能保持數千年之久，要歸功於新疆乾燥的氣候，都

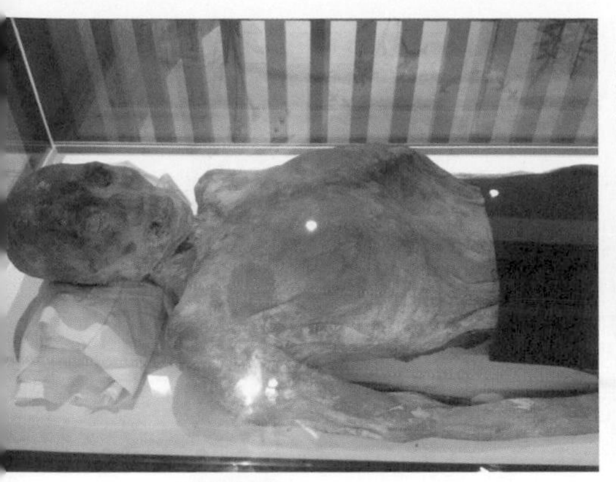
張雄遺體

唐代張雄將軍雕像

樓蘭美女

是自然風乾，與埃及的木乃伊經過人工加工的不同。新疆博物館陳列眾多歷史文物，非常值得觀賞，帶著身分證件（臺胞證）可以免費參觀。

街頭見聞

的士（計程車）師傅說，新疆漢、回關係緊張是事實，但是原因不僅是種族文化的差異，很多是因為腐敗官僚所引發的不滿情緒。

烏魯木齊物價高，貧富差距也大，一般工資約兩千五百人民幣。到五一路去足浴按摩，七十分鐘，八十八人民幣，中年熟女技師來自甘肅天水，放著家鄉老公、孩子跑到烏市來打工，證明這一行在新疆缺工。烏魯木齊要比甘肅富裕，新疆有油有礦，旅遊業也發達，GDP 成長速度好像坐上了火箭一般，二〇一三年居然高達百分之十七，位居世界前茅。

吐魯番一日遊，攝氏六十七度

經烏魯木齊的酒店前檯介紹，參加了「國旅」的「吐魯番一日游」，每人兩百三十人民幣，包含六大景點門票、一頓中餐、來回車資與導遊費。雖然業務員一再保證不是，但據判斷應該就是個購物／自費團沒錯。不過我跟友人老高說好，堅決按合約規定，不參加購物／自費行程。看看結果究竟會有多嚴重，反正兩個男人，大不了棄團自己回來。

一團十五人出發不久，年輕女導遊小王，就開始逐個疏通自費行程，大夥果然兵敗如山倒，紛紛掏出錢來。但是，到了我們兩個鐵桿，情況就不一樣了，好說歹說就是不參加，小王磨了快二十分鐘，最後說了實話：「大哥，你們每個客人，我花六十五塊買的，不好讓我虧本吧？」這事是怎麼解決的？最後是以導遊「認真負責又敬業」為名，多付一百塊小費給小王，雙方才勉強達成共識。

到達吐魯番的這一天，聽說此地已經快一年沒下雨，吐魯番的年雨量，臺北幾分鐘就下完了。而且下雨的時候，兩個雨滴之間還可以過個人，若想淋點小雨搞詩情畫意，千萬別來吐魯番。至於溫度，我們知道，高度越高的地方就越涼，越低就越熱。吐魯番約低於海平面一百五十公尺，等於在夏天開車進入一個地下五十層的停車場，停在地下第五十層，怎能不熱？

當我們參觀乾巴巴的高昌古城時，正午火辣辣的豔陽高照，熱得不可開交。顧不得這座至少

高昌古城遺址

有一千五百年的古蹟，老高已經躲到陰涼處涼快去了。我正在猶豫是去還是不去？此時一位穿著清涼的女同志搖曳生姿的打面前走進城去，也就毅然決定跟進。說實在沒什麼好看，繞著黃土堆上坡下坡，一陣陣熱浪襲來，可不好受。勉強跟著前面白花花的大腿走完全程，心中大嘆「歲月不饒人」，同志們「戒之在色」啊！

當天我們來到著名景點「火焰山」時，空氣溫度攝氏四十二度，地表溫度攝氏六十七度，地表能煎雞蛋，絕對不在話下。走在大太陽底下，簡直是烤人肉。

火焰山附近有個千佛洞，裡面的佛像多受到破壞。原因是，在歷史的發展中，當地人由信佛教改信伊斯蘭教，就禁止膜拜偶像。由此也可以看出，伊斯蘭教的發展比佛教強勢，中亞一帶很多都是由佛教區轉變成伊斯蘭教區。

內行的朋友們可能要問，吐魯番不下雨，怎麼還有農業呢？這要佩服先人的智慧了，我們參觀了「坎兒井」，說是「井」，實際上是「地下灌溉渠道」。「坎兒井」引流了北邊天山的雪水，已經有兩千年以上的歷史了。吐魯番有一千多條「坎兒井」，解決了缺水問題。本地夏季燠熱，是個天然大溫室，又極少下雨，所產瓜果、葡萄品質好、甜度高，馳名中外。

吐魯番百分之九十的居民是維吾爾族，少不得去參觀維族文化村、蘇公祠等維族文化景點。維族主要是從事農業。少數漢人集中在市區中心，以經營商業為主。

導遊帶著大夥到當地著名的葡萄溝，是一塊長八公里，寬二公里的大葡萄園。到此地觀光，先不說是購買葡萄乾，而說是拜訪維族農家。農家主人先是招待大夥吃餅子、西瓜，接著說笑話、表演新疆舞。等到氣氛熱絡了，最後才掀起桌上的蓋布，展示要賣的商品——好幾十種葡萄乾。在推銷的過程中，大夥算長了見識，人人幾乎都買了不少。雖然價錢是外面的兩三倍，但這種銷售手法還是很高明。

旅遊車回烏魯木齊時，已經是晚上十點了，太陽還掛在天上不下山，終於覺悟到為什麼烏魯木齊沒有夜市了。

1 溫度攝氏六十七度　2 火焰山　3 千佛洞　4 坎兒井 5.6 葡萄溝裡結實累累，但要七月底才成熟

小偷、宰客、危機處理

國際大巴扎遇賊記

這次絲路行碰上兩次小偷，第一次「國際大巴扎遇賊記」。

我們在烏魯木齊的國際大巴扎逛街，出來走在解放南路往汗騰格里清真寺的路上，突然覺得右邊褲子口袋異樣（偷竊技術頂多二流），回頭一看，一個維族長相但獐頭鼠目的瘦長男子，正將一隻細長金屬工具插入我褲子右口袋。我年輕時在臺灣部隊中受過磨練，經常在午夜夢迴時憶起當年慘痛經驗，有時下意識的誤認自己還是軍人，而做出一些危險反應，朋友們千萬不要隨便效法。

說時遲，那時快，當下立刻大喝一聲：「幹什麼！」賊人受驚，也立刻收起偷竊工具，諾諾說：「是不小心碰到你！」我一摸口袋，現金還在。賊人至少有同夥一人在旁接應，還好沒有立刻跟我「白刀子進，紅刀子出」，遍尋周圍沒有警察，賊人與同夥則假裝在一旁攤子上看貨。為了公眾利益，不一會兒，我再度鼓起勇氣上前質問：「剛才為何偷摸我口袋？」賊人當然又不承認。因為沒損失，所以也沒證據。不知附近是否有監視器。滿街都是回民，沒有警察，此時一維族老人上前表示關心，問我有無損失，結果我打電話給警察。

我到對街打電話報警：「一一〇是吧？」「是的，請講。」「我們在國際大巴扎遇賊了，你

大巴扎人多，小心扒手

們這邊治安還真好，兩天兩個人都遇賊，遇賊率百分之百。」「詳細地點在哪？」「就在解放南路〇〇號附近」「你等一下，我找人給你處理。」兩分鐘後，一通電話打來：「小偷是維族？是漢族？你有什麼損失？」「看了像維族，當場抓到，沒有損失。」接著發牢騷：「大巴扎是旅遊重點，國外遊客多。小偷這麼猖獗，有損國家形象嘛！你們能不能裝個錄像，多派幾人站崗，改善改善？」「是的，我們會根據你的反映，改善當地治安。」話說的還是比較客氣。不管是不是真會改善當地治安，大家多反映，總是會形成壓力。「前人種樹，後人乘涼」的事，還是要多做。記下此事，也希望大家要警惕——提防扒手。

冒險與賊談判紀實

第二次在西安火車站附近，尚德路一百多號旁的「冒險與賊談判紀實」。

當日傍晚，信步走在火車站前尚德路上，此路人馬雜沓，人流複雜，為行旅來去匆匆之地。我正在看著路邊販賣的軍用望遠鏡，感覺有人從身後貼著擠來，回頭一看，是一中年婦道人家，當時並沒有多心。擠出來後，我走上西八路，心裡犯起狐疑，把褲子右後口袋的一千兩百元現鈔拿出來數，一數之下少了六百元，就立馬折回尋賊。

賊女應是當地活動的老面孔，還沒走遠。就老實不客氣的用手直指著喊：「妳敢偷錢！馬上把錢還出來，否則公安立刻過來！」眾人圍觀之下，賊女當然開始演戲假裝無辜，不肯承認。我立馬打一一〇報警，此時一年輕漢子出現，貌似黑社會，說：「你好好講不行嗎？」

我說：「要不還錢，要不找公安來。」該漢子翻臉口出穢言，說：「這是我們的地方，讓你死在這裡我告訴你。」我沒理睬他，一邊往外走，一邊打一一〇，走出二十公尺，另一高個子黑社會漢子追上來，說：「哥，有什麼問題好好講不行嗎？」我想，因為沒當場抓到，沒有證據，現在是少輸為贏，拿回多少算多少，說：「把錢還我，給你二百，這樣就算沒事。」

此位扮白臉的黑道老兄，此時真是幹了一件令人驚訝的動作，他聞言後立馬掏出一疊錢來，數了五百元給我（這證明確實有偷），低聲問：「沒事了吧？」然後拍屁股走人。事後想想，一是覺得剛才鬥地頭蛇挺危險，二是感嘆賊人偷竊技術奇佳，而且只取一半現金，以免被害人立刻查覺，還有黑道人物保護，真是相當專業。

這個經驗說出來，是希望遊客們小心，中國警方也應該注意打擊這種扒竊的不法行為，在火車站附近這種複雜的地方，多裝幾個監視器。

宰客

在中國買東西，外地人多少還得挨宰。在步行街夜市，跟攤主問價，攤主頭也不抬，眼也不看人，就是耳朵豎得老高。買水果，聽到本地口音的開價「十塊」，外地口音的開價「二十」。

同行的高老師是肉食主義者，少不了烤肉串。一樣的牛肉串，在回民街買十人民幣兩串，出來外面小回民店就十人民幣四串，這價錢整整差了一倍。買天水櫻桃也一樣，我們外地口音一斤十五人民幣，人家本地口音兩斤十五人民幣，嘔不嘔？所以，跟小販買東西，先等一下吧！等有本地人上前交易，跟著買，就一個價了。

至於維族朋友做生意，倒不是有心欺騙，很多維族都是誠實做買賣的。只是因為維族的文化、宗教、血統都與漢族差別大。說起普通話（漢語）來，除了生意人之外，普遍說得並不好。我就聽維族說「四元兩毛」成了「四元兩個」；說「七塊」成了「十塊」，這樣往往容易引起糾紛。

危機處理，急性生病看醫生

烏魯木齊的維族烤雞實在太好吃了，肉質香又彈牙，吃剩的捨不得丟，放了半天，結果在火車上吃掉，到西安就開始鬧肚子。憑經驗感覺是中了急性腸胃炎——胸腹部疼痛，舉步維艱。酒店旁邊的西八路上有家醫院，決定看醫生。

中國看醫生，第一是不用證件，不管你自稱張三李四，還是王二麻子，醫生都照看不誤。第二是病歷看完就給你，自己留著。第三是檢查多，費錢費時（臺灣也一樣）。

這個腸胃炎，已經是久病成良醫了，一去就請醫生開抗生素和腸胃藥（這些藥房都有賣，但還是請醫生診斷一下為好），生化檢查就不必了。回來吞下抗生素，當晚病就好了一半，第二天便可以吃點清淡食物了。建議在中國旅行，投保旅平險，帶點常備藥物，也做好急病看醫生的心理準備，以防萬一。

第十章

西南、華中地區：中、西部的風土人情

昆明、成都、長沙

金廈小三通

二〇一四年五月下旬，正值盛夏。中午時分，從松山機場乘復興航空飛到金門，搭計程車到水頭碼頭（十分鐘左右，公定價三百元，可多人共乘），乘船往廈門五通碼頭進入中國。事先備妥照片一張，落地簽五十人民幣。從五通碼頭轉公車可到廈門高崎機場、高崎火車站或高鐵站。

到了廈門高崎機場 check in 飛往雲南省會昆明，說實話，機場很吵雜，不斷廣播噪音大，耳根完全無法清淨，旅客要休息想都不要想。

在昆明因氣壓比較低，密封袋會膨脹

機場班機多，誤點也多。我的航班誤點兩小時，眾旅客罵聲一片，以國罵嗆誤點航空公司好幾遍。到昆明已近晚上十二點，搭機場二號線巴士進入市區，入住預訂的春悅酒店。房間乾淨，附近熱鬧，每晚兩百人民幣。不錯的酒店，不過第二天，我轉往更好的漢庭酒店，不僅靠近火車站，又可以借用品質良好的自行車。

昆明標高約一千八百公尺，空氣比較稀薄。有的人因為空氣壓力變化會流鼻血，而有心臟病、高血壓者最好隨身帶點藥。溫度則是完全不冷又不熱，跟當地人大讚昆明的空氣好，聽到當地人回嗆「以前更好」，不免愕然！

先在春城路的火車票代售點買火車票，每張五人民幣手續費，就不用去火車站跟人擠了。買了昆明到成都，成都到長沙，長沙轉株州到廈門的三張車票，行程定了下來。另外，也可以在網路上購買火車票，開車前一小時到火車站取票，但需要有中國銀行的信用卡或銀聯卡，這也不算麻煩，去銀行憑臺胞證辦一張銀聯卡，存點錢，很快就完成。

火車車次	起迄站	時間	票價	備註
K146 快車	昆明→成都	17:55～12:10（次日到達）	硬臥 246 元	2014 年資料（人民幣）
Z124 快車	成都→長沙	17:30～10:22（次日到達）	硬臥 389 元	同前
K948 快車	株州→廈門	10:32～07:24（次日到達）	硬臥 252 元	同前

春城昆明，翠湖公園、滇池、圓通寺

昆明在高原上，城市規模比較小，天氣有點像貴陽——「天無三日晴」。外出最好備把小傘，因為陽光在高海拔處比較猛烈，除了遮雨，還可以兼擋太陽與擋風。

雲南民族村大門

雲南民族村一景

市區就有很多值得一看的景點，如滇池、雲南民族村、圓通寺、翠湖公園、陸軍講武堂、雲南大學豐澤樓等，交通方便公車都能到。

雲南又稱滇，滇池是一個高山湖泊，走近一看大得跟海一樣，無邊無際。從市區搭公車就可以到滇池，湖上有些水上活動，如快艇、遊船之類。價格一個「貴」字，直追歐美國家的水準。附近的雲南民族村相當商業化，看看就好，不要買了無用又會後悔的東西。

滇池又稱昆明湖，面積達三百平方公里，平均水深五公尺，湖面海拔高度一千八百八十六公尺；因為高，所以美，自古就有「高原明珠」的美名。雖說是個湖，但是大到一望無際，煙波浩瀚，來此地遊覽，面對水天一色的壯觀，心胸也隨之開闊。

最值得一遊的是翠湖公園一帶，因為地處高海拔且風景優美（比臺北陽明山國家公園高），交通方便又免費入園，陽光燦爛卻一點也不熱，身處此地十分舒爽。翠湖周遭栽植楊柳，稱為昆明城中的綠寶石，

雲南講武堂

每年秋天一到，從西伯利亞南飛避寒的紅嘴鷗大量聚集於此，一直到來年三月才走，所以也可以在此賞鳥。此地建築有法國風情，因為直到二十世紀中期，鄰近的越南是法國殖民地，受到法國文化影響所致。這一帶也是高檔住宅區，又有雲南大學，靠近政府機關，人與人相處以禮相待，居民的素質文化較高。

昆明街頭的飲食店，主要以西南口味為主，如過橋米線到處都是，而口味一般般。此外，西北口味的店家也不少，如回族的清真館子、蘭州拉麵、西安的涼皮及肉夾饃，在此地都頗有市場。

楊梅這種水果臺灣不產，外表像葡萄大小，呈深紅色，酸酸甜甜，好吃且營養豐富，性溫和，當季吃價格平實，每回都會買。

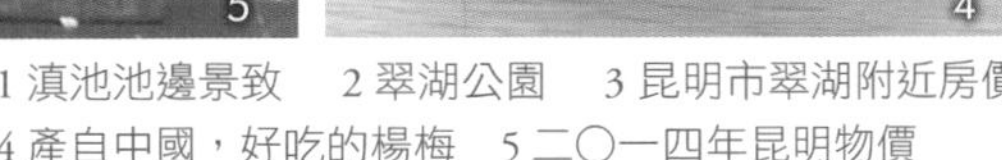

1 滇池池邊景致　2 翠湖公園　3 昆明市翠湖附近房價
4 產自中國，好吃的楊梅　5 二〇一四年昆明物價
6 昆明小吃，十人民幣就可吃到這些

圓通寺香火鼎盛

圓通寺是昆明最著名的寺廟，香火鼎盛，就在市區中心，交通方便，而且鄰近動物園。門口有兩大特色，一是殘疾人、乞丐多，他們都享有政府的福利，當然也希望可以得到施主的布施，多多益善。

二是仙風道骨的命理人士多。其中有一位相命神準人士，在寺前攔下敝人，說我是「相貌堂堂、氣宇不凡　國家棟樑、社會中堅」，我只好勉為其難捧場一次。結果抽中了好籤，得到的解籤是：「所有的坎坷困難都已到了盡頭，此後步入順境，將遇貴人相助，福運財運亨通直到八十多歲高壽」。會心一笑，所費不多，看官若有興趣不妨一試。

成都火車站

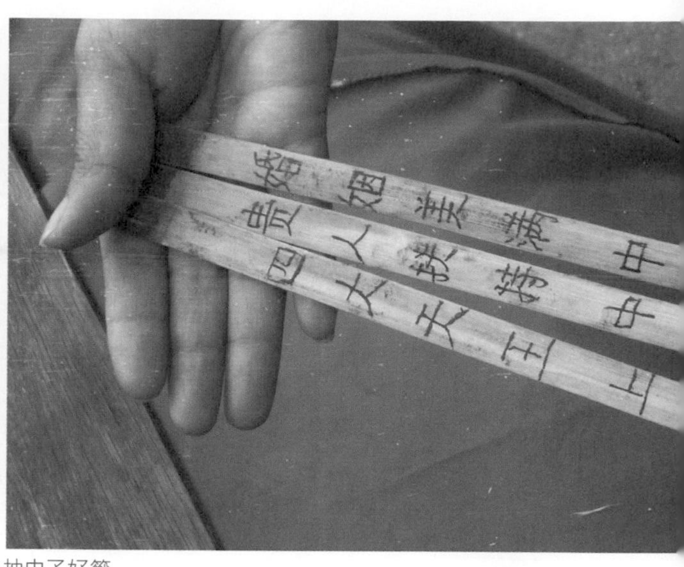

抽中了好籤

精采夜生活

昆明與其他省會城市一樣，大、小娛樂場所充斥。一般當地常見的是跳舞，昆明美女眾多，在舞廳就看得到，舞廳經常是燈光昏暗，要特別注意人身安全，這種大眾娛樂消費不高，樂子不少。

若要趕走一天勞累，按摩是不錯的選擇，去了一家「明日君按摩」，位在火車站前錦江酒店對面，制度管理上軌道，很多洋人也來，一百分鐘，九十人民幣。

夜生活都是要注意安全的，尤其人在外地。我晚上按摩完畢，漫步回投宿處的路上，見到有一公安（警察）站在人行道，要行人繞道而行，因為一小時前殺人命案就在此發生，滿地血跡，需要保留現場。第二天一早，問路邊小店老闆，昨晚發生何事？說是舞廳出來的客人，彼此鬥毆動刀所致。因此夜生活務必要以安全為第一考量，昆明外地遊客眾多，公安警力配備有多，市內治安還算平靜。

火車穿山越嶺過蜀道

從昆明搭快車K146往四川省會成都而去，這條「成昆鐵路」穿過蜀道，自古有言「蜀道難，難如上青天」，這近二十小時車程，沿途景致秀麗，穿山越嶺，過懸崖峭壁，相當險峻。途經大、小隧道上千個，工程鬼斧神工，令人內心欽佩，中國確實是有人才在搞建設，這條鐵路是多少人流血流汗的成果啊！

由一千八百公尺的昆明一路下坡到成都平原，搖搖晃晃的在火車上睡了一覺，一點也不累。車上有吃有喝，也有書報可看，大夥聊天打牌，倒也不覺得寂寞。過了峨嵋山後，進入成都平原，一片片綠油油稻田映入眼簾，空氣也漸漸霧霾起來，成都發展快速，一天天都在工、商業化，塞車日益嚴重，汙染也日益惡化，這豈不就是經濟發展的代價？人類應該反思——沒有乾淨的水、空氣、見不到藍天，難道有錢生活品質就高嗎？

成都，西部大開發指標城市

成都人的長相跟昆明人明顯不同，相比起來，成都人生在四川盆地這一塊風水寶地，古來稱「天府之國」，愛吃麻辣（與「兩湖」的辣椒不同），不喜歡離鄉去外省，男女的皮膚都比較嫩，身材不高，個性平和，有點文化氣質，聽說很少打老婆的，成都女權比較高漲。

昆明人相較之下就黑點粗點，應該是海拔高、陽光強烈所致，但昆明人細鼻樑、窄臉蛋，秀秀氣氣，個性不驕不躁。少數民族多，白族、夷族、哈尼族與漢族混在一起，別有一番風情。

到了華燈初上時分，成都夜生活就精采熱鬧起來，中國大城市很多都是這樣的銷金窟，還是基於同一個原因——資本主義當道。

成都鬧區

在投宿處附近按摩，技師跟我聊天聊得很愉快，讚我斯文有型，大灌迷湯，該不會等一下就推銷「特服」吧？想一想還是迅速脫離現場為好。

成都鬧區在天府廣場、鹽市口、春熙路一帶，四川是人口過億大省，自然是人潮洶湧、熙來攘往，而成都物產豐富，市面繁盛。新建的成都火車東站，開往長沙的火車在此搭乘，以超人類尺寸設計，大得不得了，氣派宏偉，得坐車才能繞上一圈。新開通的地鐵可達火車東站，地鐵票

杜甫草堂

價分一、二、三八人民幣三種，視距離而定，成都物價不輸給東部，消費較高，中國有名的退火飲料——王老吉，要價五人民幣，與東部一個價。

當天在麗都公園附近的「有茶會館」點了一份雞腿飯，要價四十八人民幣（約合兩百二十臺幣），煉貴。端上來一看，這雞腿飯居然一舉附上了五隻大雞腿，走遍全世界的雞腿飯都是附　隻雞腿，勉為其難只能吃下三隻就抹嘴咂舌走人。

成都市區參觀景點，市區內有杜甫草堂與武侯祠的名勝。

武侯祠

喜歡《三國演義》的看官們，應該會對武侯祠感興趣。

當年劉備三顧茅廬請諸葛亮出山，與諸葛亮是「伯樂與千里馬」的關係，而諸葛亮在《出師表》中，充滿了「士為知己者死」的感情，後來也真的為蜀漢鞠躬盡瘁。這一對明君賢臣，如今都祭祀在武侯祠裡，而大門上掛著劉備漢昭烈廟的匾額，內分為劉備殿與諸葛亮殿。

來這裡緬懷一下古人，藉此地想像劉備與諸葛亮的種種事蹟，激盪一下忠義之氣。

杜甫草堂

杜甫為唐代詩人，杜甫草堂最早建於北宋年間，而目前所見是十九世紀，清朝嘉慶年間修建的，裡面展示許多版本的杜甫詩作。杜甫草堂旁邊就是浣花溪公園，草木青翠，環境不錯，當年杜甫選擇此地住了四年，寫了兩百四十首以上的詩作，被後人稱為詩聖。

不過，緬懷古人的費用年年上漲，入場券並不便宜，建議自行評估是否值得參觀。

長沙，湖南辣妹子大本營

從成都到湖南省會長沙，在火車上沉沉的睡了一覺，第二天下午抵達。長沙是春秋時代楚國重鎮。赴長沙博物館，參觀出土的漢代貴族辛夫人，陵墓中當然是木乃伊乾屍一具，慘不忍睹，考古學家用畫像恢復她的青春美貌，讓遊客望梅止渴一番。

去看了長沙古城樓天心閣，因為就在市中心，交通方便，而且是長沙四大古蹟之一。天心閣建造於明朝萬曆年間，與岳陽樓、黃鶴樓齊名，已有五百多年歷史。主樓約有五層樓高，下面連著一段約兩百五十公尺的舊城牆，屬於4A級風景區，並且與城市公園連在一起，也是長沙市民運動休閒的地方。天心閣入場費用十六人民幣，去走走還不錯。

長沙的天氣夏季熱，冬季會下雪，因為屬長江以南，按規定政府冬天不供應暖氣，所以長沙的冬天不好過，感覺比北方更冷。

湖南人是所謂「南方人北方個性」，個性直爽有義氣，膽大敢為，辣妹子自古是「湘女多情」，但性情有些急躁，敢花錢，卻不太能賺錢。經濟發展上很大一塊靠炒作房地產，長沙市郊新開發區有幾千戶大社區，生活配套措施還未完善，空屋率很高；按照中國政府的「12-5經濟計畫」，農民進城約要在二〇一五年完成，所以往後看有點供過於求，而且政府正在「打房」，課徵的房產交易稅很高，若投資郊區的房子，短期內是相當有風險。

長沙到處都是休閒中心、浴足、桑拿等，近年來經濟發展快，「飽暖思淫慾」哪都一樣，長沙也不落人後。

火車過「閩北」山區

長沙火車站算是比較老舊，主要是一般的列車停靠，要搭高鐵動車，就要到新的長沙北站去。目前北到西安，南到廣州都已通高鐵，最多不過五、六小時，廣州更可轉車到香港，不過一個多小時，比以前方便多了。

長沙到廈門經株州轉車，穿過江西鷹潭、邵武，到福建南平，最終到達廈門。

這一段鐵路特別有感覺，過了鷹潭就進入了山區，鐵路沿線一路是峰迴路轉，山溪蜿蜒，青山碧水，空氣清新。當地人受到環境影響，長得特別靈秀。我在邵武下車，此處屬於閩北，當地人的模樣與閩南一帶長得很不同，男的是仙風道骨，模樣俊秀；女的則皮膚白皙，靈氣逼人。

到了廈門轉往東渡碼頭，經小三通回到臺北。

第十一章

西南、華南地區：西南邊境風光

澳門、珠海、南寧

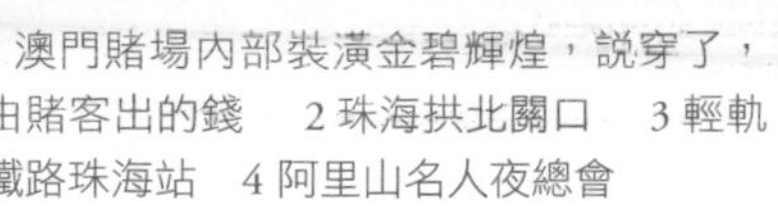

1 澳門賭場內部裝潢金碧輝煌，說穿了，由賭客出的錢　2 珠海拱北關口　3 輕軌鐵路珠海站　4 阿里山名人夜總會

澳門過珠海

從桃園機場搭乘澳門航空來到了澳門，這個百分之九十以上財稅收入靠賭博與特種行業支撐的城市，房價近四年大漲一倍多，顯示炒房資金大量流入澳門。

由澳門機場轉小巴士到珠海關口，這個服務變差了。臺灣來的班機班次變少，現在轉小巴士去中國要等很久。臺灣小三通／直航開放後，經澳門轉中國的旅客流失，班機減少，客源少賺不到錢，服務自然差。搭公車到關口約一小時，可以順道看看澳門街景。

拱北關口永遠是這麼多人，主要以中國旅客與澳門居民為主。過個關至少要半小時。到了珠海，這個我在二〇〇三年住過半年的城市，景物依舊，人事全非。珠海二〇一三年開通了輕軌鐵路到廣州南站，費時七十分鐘。中國交通建設速度快得驚人，高鐵的建設正在全國如火如荼進行中。根據報導，大功臣鐵道部長劉志軍落馬，身陷囹圄，因為利之所驅，爭先恐後，最終毀在女色與錢財手上。

珠海鄰近澳門，也是酒色財氣之地。拱北區夜生活豐富，夜店林立，裝修豪華。

話說那一天，走過珠海拱北的蓮花路，現場報導：山東諸城妹子拉客。

就在人潮熙來攘往的街頭，拉客妹子約二十出頭，皮膚很白，一個箭步跳過來攔住去路，揪著你的袖子，胸脯挺得高高站在面前緊貼著你，說：「跟我去吧！我服務很好的。」心裡泛著好奇問：「妳是哪裡人？」「我山東諸城的。」暗忖：北方來的啊！妹子催促：「大哥走啦！我服務很好的。」妹子鼻尖直貼過來就一公分距離，長相看不清了，聞得到嘴裡有一股腥腥的怪味，皺著眉頭心裡犯嘀咕。回了一句：「我這會有事忙，待會兒再來。」妹子反應倒也平淡，塞來一張紙條：「那好，這我手機號，待會給我打電話！」一轉身，忙拉別人去了。

澳門、珠海都有廣大的情色市場，而東莞市常平鎮以前更是集大成之地，我年高德劭身體不夠好，從來不敢去。不過，對於中國的「賣春」行業，這一種社會現象，抱持高度的好奇，以調查心態，進行了一番研究。

中共政府對「性需求」的解放，抱持兩種態度。一是，從一九三〇年代革命時期就是很開明的，反對封建禮教對男女性需求的壓抑。在延安時期曾經有過所謂的「一杯水主義」，認為性飢渴時，同志之間可以給一杯水喝，這樣才符合人性；很多中共元老都有結婚多次的紀錄，這在當時是比較另類的。第二，一九四九年中共建國後，在毛澤東主政時期（一九七六年以前），認為「賣春」是社會的黑暗死角，要嚴加打擊。由於當時極端限制個人自由，能確實將「賣春」業掃蕩一空。

但是，到了一九八〇年代起中國進行物質掛帥的改革開放，造成風氣大壞，開始有賣春行為出現。自一九九〇年代起，中國國企改革造成大批女工失業，等於是給當時方興未艾的賣春行業注入一股活水。

當時揶揄逗趣的順口溜：

下崗妹，別流淚，挺胸走進夜總會；
陪大款，掙小費，不給國家添累贅；
不貸款，無資金，自帶設備搞生產；
不占地，不建房，工作只要一張床；
無噪音，沒汙染，緊要關頭小聲喊；
你舒服，我高興，大家滿意最穩定。

從人權上來說，「飲食男女」是人類與生俱來的基本需求。一般認為，禁錮人民這種需求是不人道的，對罪犯坐監而言，則算是一種懲罰。

臺灣在威權時期（至一九八七年前），部隊裡大批中國來臺的老兵，因為不被允許結婚，經常發生事端。諸如，與民女的感情糾紛、暴行、犯上等問題，肇因性需求不得解決。後來政府設立「軍中樂園」作為解決方案，成了公營賣春業。

現今先進國家多開放賣春業，在紐西蘭、澳洲，親見當地賣春業合法經營，連醫院性病治療都準備妥善（一律免費）。

九〇年代後，中共政府對賣春業的存在，應該是抱持「睜一眼，閉一眼」的態度。因為幾百萬來中國做生意的外商，與幾億個離鄉背井到都市打工的民工，有實際的性需求要解決。真的打得精光，恐怕造成社會問題，也不利經濟發展。所以年年嚴打，正代表賣春業年年存在「野火燒不盡，春風吹又生」。

但是，一方面又不能讓賣春行業太過猖獗，譬如說，賣春的廣告簡訊都傳到北京領導的手機裡了，這時就要嚴打；另一方面，也不好開放賣春業，開放了就違背當初革命的初衷。因此，近二十年來，都是保持著「冒出頭來就嚴打」，而地下賣春普遍存在的情況。

一九九〇年後，臺灣人到中國旅遊漸漸增多，本來是臺灣中下階層的販夫走卒，到中國被青春洋溢的賣春小姑娘們「叫老闆，當大爺」伺候，當然樂不可支，而且食髓知味，所以後來出現很多「炮兵旅遊團」。而百萬離鄉背井的臺商，長期在中國，更是有身心需求要解決。有些臺商朋友本來只是要喝個牛奶，結果卻落得養一頭牛的下場，年輕貌美的二奶一旦生兒育女後，跟臺灣元配就起家庭糾紛，後患不小。臺商在中國想事業成功，戒之在色。女色過度，每天美女在懷，骨頭酥了，精力沒了，怎麼打拚事業？

隨著中國經濟起飛，臺灣經濟停滯不前。從二〇〇八年起，中國物價工資大漲，臺灣人在中國身價大跌，在中國包二奶，再也不是一般人玩得起了。其實在社會發展的過程中，這是一種正常現象，臺灣不也經歷過？七〇年代，日本人把臺灣當成買春地點，不也是同樣的心態？臺灣作家黃春明寫過一本小說《莎喲娜拉！再見》，就在描述箇中情景。七〇年代，我家附近鄰居，一位美得像鮮花一樣的大姑娘，以嫁給菲律賓人為榮。您相信嗎？那就像一九九〇年至二〇一〇年代，中國、東南亞女孩願嫁臺灣人是一樣的模式。看看今日很多菲律賓女性到臺灣幫傭，十年風水就輪流轉，此情此景只能追憶。

珠海見聞

珠海電子式的租借自行車服務

從澳門過海關進入珠海，到了關口附近的水灣路，看到一排電子式的租借自行車服務。有點像臺北的 U-bike 腳踏車，沒事騎著逛逛珠海海邊很不錯。

珠海吃的價格比起二〇〇八年以前，幾乎要漲了一倍。按摩價格漲三分之二，現在每小時要六十人民幣了，而且後勢繼續看漲。這應該是政府大印鈔票，導致鈔票購買力大幅下降，老百姓若存錢在銀行，財富可是大大縮水。相反的，若是買對了房子，價值炒高了也有一倍。一胎化也導致人力開始短缺，薪資水漲船高。二〇一四年，在珠海找個保母少說也要三至四千人民幣了。

在珠海看到兩件事：一是大力推行禮貌文明教育，在公車上，不斷廣播要求讓座給老、弱、病、殘、孕；車上乘客大多顯得乾淨從容，不像十年前很多乘客顯得灰頭土臉、氣急敗壞。二是以前常見的「小偷小盜」少很多，因為如今生活好了，不需要偷盜，而且到處都有監視器，犯罪組織無所遁形。真是應了古人一句話：「倉廩實而知禮義，衣食足而知榮辱。」

南寧現況與人口

離開珠海到廣州，從廣州站搭快車 2571 去南寧（邕），廣州到南寧通高鐵也有快車，高鐵費時約四至五小時，快車約十三小時。

我們選擇快車，在車上睡一覺。

火車車次	起迄站	時間	票價	備註
2571 快車	廣州 → 南寧	16:30～05:45（次日到達）	硬臥 190 元	2014 年資料（人民幣）
K1234 快車	南寧 → 廣州	17:50～07:25（次日到達）	硬臥 190 元	同前

火車在天色微明的 05:45 準點到站，在南寧車站附近的米線店先吃碗當地的米線。這裡物價一點都不「中、西部」，吃的價格與東部沿海相差無幾。

南寧本地人口約一半是少數民族，有幾十個族，毛澤東當政時通稱為「壯族」。廣西也就是壯族自治區，中共的少數民族政策還是相當成功的，不論是對廣西、寧夏、新疆、西藏等少數民族聚集區，都是剛柔並濟，懷柔與高壓政策雙管齊下。在毛澤東主政時期，大量軍隊與漢族人口移民到少數民族區，使得漢族占了當地一半以上人口，並且吸收少數民族中聽話的菁英入黨，授予高職，掌管「自治」政務，當然還是要百分百的服從黨的領導，相當高明！

壯族人一般個頭不高，微胖頭大的體型，看來相貌敦厚，而且個性平和，犯罪率很低。很難想像在十九世紀，會跟著洪秀全搞起「太平天國」革命，殺人盈野，導致中國人口因為戰亂而死的數量超過了五千萬。

南寧本地人口約有三百多萬，奇怪的是，外地人居然也有三百多萬，是個外來人口多的城市。但是與廣東不同的是，南寧製造業少，外來人口不是來打工的，而是來投資、做生意、搞房地產、開小店鋪；還有就是南寧在中國「傳銷業」內赫赫有名，是個傳銷大本營。南寧離海邊約一百多公里，夏天熱，冬天雖不下雪，但是比廣東冷，氣溫在攝氏十度以下的時間也有兩、三個月，必須穿厚衣過冬。夏天時空氣還好，但冬天常有霧霾，空氣不太好。

我入住於長湖酒店，靠近鬧區中的長湖路，每晚一百八十八人民幣，包自助早餐。早餐還可以，就是口味挺酸挺辣的。附近的長湖公園，風景宜人，到裡頭晨跑或散步挺不錯，也看看當地人休閒的一面。南寧以前是所謂「窮山惡水出刁民」的地方，如今大有進步。但是，比起其他的省會級城市，南寧的建設一般，人均所得較低，人口的素質較低，物價相對較高。

南寧的城市建設與其他省會級城市一樣，飛快進步，高樓大廈集中在新的市中心五象廣場附近，極目望去，一堆金融大樓矗立此地。

新的市中心東移到五象廣場

南寧的房地產

南寧房地產發展快速，這與外來人口炒作有關，郊區空屋率高。市區漲得厲害，如東邊的「翡翠園」，四年來價格往上翻倍。郊區就不漲，如在東邊仙湖區夜市旁的「東方廣場」，周圍的住宅區價格停滯。

「東方廣場」旁邊的「天池山」則是由五十二棟高樓組成。在小山上，夏天景觀優美，綠意盎然。社區設有電扶梯、游泳池、花園，但冬天非常冷，僅約攝氏二至三度，風大，而且上下山都要乘社區小巴士，交通很不方便。配套設施還不成熟，入住率低，是少數跌價中的社區，臺灣人喜歡買的不少。

在東邊仙湖區夜市旁的「東方廣場」

中國政府有「打房」政策，五年（以內）新的房屋買賣，要繳百分之五點六五的營業稅，加上約百分之一點五的契稅，再加上百分之一的個人所得稅，等於接近百分之八的交易金額要進入政府口袋。這可比得上臺灣的奢侈稅（臺灣是兩年內的交易，上繳百分之十）。外地人不准買房，除非在南寧住滿一年，有住房租約，社會保險與工作，才允許買一間。

不過市郊新開發的區，部分是沒有限制，臺灣人在南寧有好幾萬人，也有買的，也有虧的。南寧的臺灣人很多聚集於「匯東新城」，在琅東汽車站附近，從事傳銷的多，喜歡帶人參觀廣西規劃館、會展中心、東盟建築物及防城港市。

南寧買房要看中國經濟發展前景，能夠出租，又能放久，應該都是有利可圖。該顧慮的就是南寧離臺灣比較遠，而且醫療服務不夠方便。

防城港地產熱火朝天

防城港距離南寧約一百一十公里，旁有東興口岸與越南的芒市交界，市區熱鬧，做小生意的摩肩擦踵。大街上有很多越南人在推銷小商品，具有異國風情。特別提醒，買東西要小心，以免後悔，畢竟很多都不實用。

防城港清代屬於欽州，因為港闊水深，預定作為廣西省的出海口大港，目前則變成一個大工地，都在蓋房子。也在努力賣房子，從南寧參加買房團到防城港玩，建商招待，搭車、吃飯都免費，賣方多看好防城港的前景。但是人口稀少，就業難，會不會變成一個中國的「鬼城」空屋城市？像內蒙古的鄂爾多斯？五年後可見分曉！

回程搭火車到廣州時，巧之又巧居然碰上來時同車的輕熟女（來程時，她請我幫她提行李上行李架而聊過一次），她是湖南人，在廣州工作，來南寧朋友家旅遊。覺得湖南女性大方自然，不扭捏作態，心裡想什麼就說什麼，直來直去，彼此交流得很好，是難得的經驗。

東興口岸標語

防城港在清代屬欽州管轄，鄰近越南

打不倒的老鼠會

南寧老鼠會傳銷在臺灣鬧得沸沸揚揚，講講我個人到南寧的經驗吧！

二〇一三年到南寧旅遊，經熱心人士極力邀約，參加了當地臺灣人的傳銷課程，還附帶招待吃喝玩樂。這個「純資本運作」傳銷，就是俗稱的「老鼠會」；講課的老總「話術」很有一套，都是洗腦專家，能講得你「錢」途一片光明，心頭如小鹿亂撞，貪念按捺不住，覺得富貴就要逼人，而恩人正在眼前。我聽了兩天就「落跑」，因為再聽下去，恐怕就把持不住。

二〇一三年八月二十四日，根據報導，臺灣與中國南寧警方聯手掃蕩老鼠會，共拘提老總級九十八人，訊後關押了九人。現今在臺灣的「南寧老鼠會」成員達數萬人，吸金超過百億臺幣；老鼠會在臺灣以各種型態經營發展超過二十年。老鼠會的特徵，就是靠吸收下線發展，然後吸金以錢養錢，沒有實質的投資，違反公司法、銀行法與公平交易法。

那麼，政府掃蕩老鼠會，能不能成功的徹底拔除這種違法吸金組織呢？官方禁絕老鼠會的機會相當渺茫，原因如下：

首先，我們來看看老鼠會具有的特點吧！

第一，「以地下行會組織運作」。整個團隊內部是以社群軟體聯繫，如Line、Facebook，外人進不來也看不到；對內經常公告某某成員又拉了多少人入會，賺了多少錢，以報喜不報憂來鼓舞士氣。對外則是以「資本運作」投資建設為名，自稱經過「官方認可」，以種種名目掩飾，絕不會一下就讓人看出來「老鼠會傳銷」的真面目。

第二，「騙術高」。入會繳交六萬九千人民幣（約三十三萬臺幣），然後一周後會先退還一萬九千，這就能「取信於人」。所以實際是繳交五萬人民幣（約二十五萬臺幣），這總數說大不大，說小不小，一般人能拿得出來，被騙後也不至於因為傾家蕩產而去情急拚命，所以可以行之久遠。

第三，「誘惑大」。對於一般月入二至四萬臺幣的人們來說，半年賺到三千萬確實是個很大的誘惑。而且，實際上有人賺到（雖然是鳳毛麟角），你眼紅羨慕忌妒，不如自己下海。成本不大二十五萬臺幣，很多退休軍公教人員與親友多陷在裡面。

第四，「風險小」。老鼠會傳銷，違反了公司法、銀行法、公平交易法，但並不是殺人放火搶銀行，不是罪無可逭需從重嚴懲。基本上都是斯文罪，最多關個幾年，迷途知返也就放出來了。把以前騙到藏好的錢拿出來，人生還是一片輝煌燦爛。

第五，「舉報難，控訴更難」。老鼠會傳銷幾種人不找，不找當地人、軍公教、罪犯與黑道，所以麻煩糾紛少，官方干涉也少。因為主要是找親戚朋友傳播，所以即使有了糾紛也好協調解決，最多賠償了事。而被害人也就是加害人，一旦加入之後找了下線，就成了加害人，總不能自己告自己。

第六，「結構好」。臺灣有幾萬人加入，其中在金字塔頂端的數千人，快速賺到了幾百萬、幾千萬。雖然說其餘百分之九十以上，好幾萬人處於虧損狀況，但是組織宣傳會給他們美好的願景，只要繼續努力吸收金字塔下端的新老鼠，自己不是也可以像金字塔上端的那些老總，快速致富嗎？然後買房子、買名車，吃香喝辣？

第七，官方查禁「雷聲大雨點小」效果有限。老鼠會鬧得太囂張時，官方就要出面打一打，但所謂「上有政策，下有對策」，官方嚴打時避避風頭，風聲過後再出來活動。老鼠會很能變身適應環境，平時死皮賴臉的與官方相安無事，結果是禁絕不了，因為人性貪婪禁絕不了。

後記　人生，要不虛此行

寫完了此書，掩上書稿，先給自己斟上一杯濃洌的白干。有酒的時光，微醺的感覺，挺棒的是吧？閉上眼，細細回味過去一年在中國大地上的火車旅行。本意是藉著旅行離開傷心之地，舒緩失恃的創痛。到後來欲罷不能，就順著中國鐵路，由南到北、從東到西走了一遭。

在火車臥鋪上，每當夜幕低垂之際，在車輪「戈登、戈登」聲中，這些日子裡碰到的人，遇見的事，一幕幕情景就如走馬燈似的掠過腦際。

車窗外，遙遠的地平線在天邊，驚豔的風景往往一瞬間飛逝，難以捕捉。昨日遠眺一望無際的大平原，今天盡覽千山萬壑過窯洞；有時晴空萬里，氣象萬千，有時大雪紛飛，寒氣逼人。旅客們置身空調車廂內，或蒙頭大睡，或嬉笑怒罵，彷彿在另一個世界。偶爾火車靠站，下去溜溜，才驚覺外頭的寒暑。

人生，要不虛此行。

一列火車運送幾千人，你會碰上誰？火車豔遇還挺容易，陌生男女臥鋪共處十多小時，聊得來的，有時就覺相逢恨晚。

在開往蘭州的火車臥鋪上，結識一位住在新疆的女老師，相談甚歡，相貌、口音騙不了人，顯然與在地新疆人不同，有股江南女子的秀氣與細膩。一問之下，果然是六〇年代「援疆」時期，移民新疆的江蘇人後裔，屬於新疆的「外省第二代」。

又一次，往西安的火車上，鄰鋪一位姑娘，長得眼神深邃、輪廓分明，要我猜她是哪裡人。結果從上車地點，我猜她是河南的回族，並且姓馬（很多回族姓馬）。均幸運一言而中，把她驚得嘴都合不攏！因為自元代起，西亞、中亞人（很多還是阿拉伯人）大量移居中國，後裔多信伊斯蘭教，長相西方化，在河南、河北、山東有相當數量的人口。

火車旅行是認識今日中國的好辦法，「行萬里路，勝讀萬卷書」，順著鐵路走一遭，您得到的第一手資料，絕對比閉門造車的蛋頭學者們更切合實際，能夠深度認識中國的人文、地理、社會現況。

旅途中，常常想起中、臺兩岸關係，臺灣人需要「知已知彼」吧？雖然說目前處於「西線無戰事」的情況。德國文豪雷馬克，在他的《西線無戰事》、《里斯本之夜》、《戰後》等鉅作裡，反覆描述反戰的大道理。但是，歷史的現實就是，戰爭與和平總是交替而來的。「天下雖安，忘戰必危」，是顛撲不破的真理。覆巢之下焉有完卵？中國十三億人口近在咫尺，有共通的語言文字。臺灣年輕的一代，需要增進彼此的交流與了解，這是促進和平的好辦法。

每次去中國旅行，與中國各行各業人士接觸，能夠感受中國社會人文的變化（思想觀念的）、政治管制的放鬆（自由度增加）、經濟改革的績效（大實體建設）。這種親身體驗，不僅是好奇心的滿足，更是對中國深一層的了解，透過這種田野調查，對中國未來的總體發展，能做比較精準的評估，那就不僅是旅行走馬看花而已了。

國家圖書館出版品預行編目資料

隨著火車去旅行——中國紀行 / 孫廣文文.攝影. -- 初版. -- 臺北市 : 華成圖書, 2015.04
面 ; 公分. --(閱讀系列 ; C0344)
ISBN 978-986-192-239-3(平裝)

1.遊記 2.火車旅行 3.中國

690 104001461

閱讀系列 C0344

隨著火車去旅行——中國紀行

作者 / 孫廣文

出版發行/華杏出版機構
華成圖書出版股份有限公司
www.farreaching.com.tw
台北市10059新生南路一段50-2號7樓
户　名　華成圖書出版股份有限公司
郵政劃撥　19590886
e-mail　huacheng@farseeing.com.tw
電　話　02 23921167
傳　真　02 23225455
華杏網址　http://www.farseeing.com.tw/2005/farreaching/index.php
e-mail　fars@ms6.hinet.net
華成創辦人　郭麗群
發行人　蕭聿雯
總經理　熊芸
法律顧問　蕭雄淋・陳淑貞

總編輯　周慧琍
企劃主編　蔡承恩
企劃編輯　林逸叡
執行編輯　張靜怡
美術設計　陳琪叡

定　價/以封底定價為準
出版印刷/2015年4月初版1刷

總經銷/知己圖書股份有限公司
台中市工業區30路1號　電話 04-23595819　傳真 04-23597123

讀者回函卡

謝謝您購買此書，為了加強對讀者的服務，請詳細填寫本回函卡，寄回給我們（免貼郵票）或E-mail至huacheng@farseeing.com.tw給予建議，您即可不定期收到本公司的出版訊息！

您所購買的書名/＿＿＿＿＿＿＿＿ 購買書店名/＿＿＿＿＿＿＿＿

您的姓名/＿＿＿＿＿＿＿＿ 聯絡電話/＿＿＿＿＿＿＿＿

您的性別/□男 □女 您的生日/西元＿＿＿＿年＿＿月＿＿日

您的通訊地址/□□□□□＿＿＿＿＿＿＿＿

您的電子郵件信箱/＿＿＿＿＿＿＿＿

您的職業/□學生 □軍公教 □金融 □服務 □資訊 □製造 □自由 □傳播

□農漁牧 □家管 □退休 □其他

您的學歷/□國中（含以下） □高中（職） □大學（大專） □研究所（含以上）

您從何處得知本書訊息/（可複選）

□書店 □網路 □報紙 □雜誌 □電視 □廣播 □他人推薦 □其他

您經常的購書習慣/（可複選）

□書店購買 □網路購書 □傳真訂購 □郵政劃撥 □其他＿＿＿＿＿＿＿＿

您覺得本書價格/□合理 □偏高 □便宜

您對本書的評價（請填代號/ 1. 非常滿意 2. 滿意 3. 尚可 4. 不滿意 5. 非常不滿意）

封面設計＿＿＿ 版面編排＿＿＿ 書名＿＿＿ 內容＿＿＿ 文筆＿＿＿

您對於讀完本書後感到/□收穫很大 □有點小收穫 □沒有收穫

您會推薦本書給別人嗎/□會 □不會 □不一定

您希望閱讀到什麼類型的書籍/＿＿＿＿＿＿＿＿

您對本書及我們的建議/

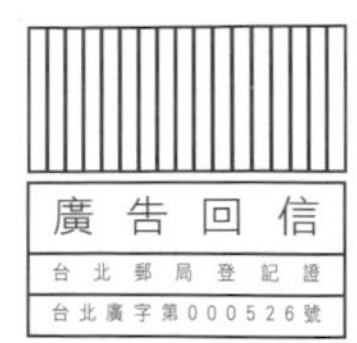

華杏出版機構

華成圖書出版股份有限公司　收

台北市10059新生南路一段50-1號4F　TEL/02-23921167

（對折黏貼後，即可直接郵寄）

（沿線剪下）

本公司為求提升品質特別設計這份「讀者回函卡」，懇請惠予意見，幫助我們更上一層樓。感謝您的支持與愛護！

www.farreaching.com.tw　　請將　C0344　「讀者回函卡」寄回或傳真 (02) 2394-9913